KB191106

수업을 살리는
유쾌한
교수법

수업을 살리는
유쾌한 교수법

1판 1쇄 인쇄 2024. 09. 13.
1판 1쇄 발행 2024. 09. 26.

지은이 이영민

발행인 박강휘
편집 김애리 **디자인** 조은아 **홍보** 박은경 **마케팅** 이서연
발행처 김영사
등록 1979년 5월 17일(제406-2003-036호)
주소 경기도 파주시 문발로 197(문발동) 우편번호 10881
전화 마케팅부 031)955-3100, 편집부 031)955-3200 | **팩스** 031)955-3111

값은 뒤표지에 있습니다.
ISBN 978-89-349-2694-8 13370

홈페이지 www.gimmyoung.com **블로그** blog.naver.com/gybook
인스타그램 instagram.com/gimmyoung **이메일** bestbook@gimmyoung.com

좋은 독자가 좋은 책을 만듭니다.
김영사는 독자 여러분의 의견에 항상 귀 기울이고 있습니다.

수업을 살리는 유쾌한 교수법

완벽한 한 학기를 위한 16주
액티브 러닝 퍼실리테이션

이영민 지음

김영사

"성공은 우연한 기회와 노력의 상호작용이 가져오는 뜻밖의 발견이고 행운입니다."

– 세렌디피티Serendipity

25년의 교육과 강의 현장에서 나의 세렌디피티는 학습구성원의 잠재능력을 열고 새로운 지식과 가치를 발견하여 자신만의 목표를 달성하도록 돕는 학습여정이었습니다. 지금 학교와 교육 현장은 챗GPT의 도움을 받아 논문을 정리하고 리포트를 작성하며 과제를 수행하는 시대입니다. 팀 프로젝트 교수학습 과정에서 생성형 AI 사용을 배점에 포함시키는 상황입니다. 에듀테크 시대, 디지털 대전환이 교실에, 학생에, 교수자에게 요구되고 있습니다. 그럼에도 불구하고 교육은 만남과 대화에서 시작됩니다.

크리스티안 부슈(《세렌디피티 코드》저자)는 "세렌디피티는 남들이 보지 못하는 것을 발견하는 것이고, 그 뜻밖의 발견을 기회로 바꾸는 것이다. 우연에 즉각적으로 반응하여 최대한 활용하려는 의식적인 노력을 할 때 비로소 관련 없는 아이디어나 사건이 한데 모여 재탄생한다"고 말합니다.

성직자로서 헌신된 삶을 살다가 우연히 HRD와 강의를 만나 교수 과정을 개발하고 책을 쓰게 되었습니다. 교육학, 리더십, 코칭 MBA까지 공부하는 등 노력의 여정이었습니다.

수업과 강의, 미팅의 접점에서 만나는 사람들의 마음을 열고 연결시키며, 고객과 학습자들을 자신감 넘치는 영웅으로 만들면서 행운을 전하는 메신저를 세렌디피터 serendipitor라 합니다. 세렌티피터로서 강의와 수업, 탐구와 호기심은 우연한 행운을 넘어 새로운 배움과 깨달음을 얻는 끊임없는 연구 과정을 축적하게 했습니다. 그 과정에서 만들어진 영민한 발견, 세렌디피티를 교수 학습전략과 연결하여 개발한 콘텐츠를 공유합니다. 하이테크 hightech시대에 하이터치 hightouch할 수 있는 콘텐츠입니다.

이 책이 강의와 수업을 시작하는 모든 이들에게 세렌디피티의 여정이 되리라 기대합니다.

세렌디피터 영민

액티브 러닝 퍼실리테이팅의
세계에 오신 것을 환영합니다

액티브 러닝 퍼실리테이팅의 실제 콘텐츠를 경험하는 시간입니다!
액티브 러닝 퍼실리테이팅의 세계에 오신 것을 환영합니다.

"액티브 러닝 퍼실리테이팅은 실시간으로 학습 현장에서 안전한 학습
분위기를 형성하고, 강의실에서 교사 리더십을 발휘하며, 강의에 다
양한 상호작용을 하는 데 효과적이다. 이는 수업, 코칭, 강의, 교육, 서
비스, 미팅을 하는 곳에서 현장 학습으로 이루어지며, 개인적, 직업적
(B2B, B2C), 조직적 차원에서 강의를 살리는 퍼실리테이팅 능력과 스
킬을 향상할 수 있는 창의적 교수-학습 전략이다."_세렌디피티

이 책의 핵심 내용을 한마디로 이야기하자면 액티브 러닝 퍼실리
테이팅 Active Learning Facilitating 입니다. 교육과 강의는 추상적인 개념이

아니라 실행력에 달려 있습니다. 그리고 그것은 학습자 중심의 액티브 러닝(참여 활동 학습)이 되어야 합니다.

저는 액션러닝코리아라는 브랜드를 만들고 25여 년간 창의적 액션 러닝, 조직 활성화 팀빌딩, Wow SIT, PBL, TBL, 게이미피케이션, 플립 러닝, 퍼실리테이팅, 밥 파이크 창의적 교수법, 릭 탬린 비거 게임 등 능동적인 교수-학습 방식에 관심을 가지고 학습·연구하며 강의를 해왔습니다. 그 기본에는 학습자 중심의 참여식 교육을 위해 교수자의 강의 중심 수업을 학습자 중심의 액션 러닝 퍼실리테이팅으로 전환해야 한다는 생각이 자리하고 있습니다. 이런 교수-학습 용어는 각 방식이 공통점과 절차상 차이점을 함께 가지기 때문에 용어의 혼란을 줄이기 위해 정리를 할 필요가 있다고 생각합니다.

학습자들은 수업을 수행하는 데 필요한 대부분의 지식을 이미 가지고 있습니다. 실제로 학습자들이 어려워하는 것은 지식을 얻는 것이 아니라 그 지식을 활용하고 응용하는 방법입니다. 그래서 액션 러닝 퍼실리테이팅이 필요합니다. 학습 성과를 내기 위한 전통적인 방식인 긴장감과 압박감 그리고 두려움은 학습에 도움이 되기보다는 오히려 방해가 됩니다. 학습자들이 가지고 있는 가능성과 무한한 잠재능력을 끌어내어 효과적으로 학습할 수 있는 최고의 교수-학습 방법을 위해 액션 러닝 퍼실리테이팅이 필요한 것입니다. 액션 러닝 퍼실리테이팅은 우리 일상에서도 (인간관계, 일터, 목표, 학습 등) 찾아낼 수 있습니다.

주의력과 관찰력 그리고 호기심이 효과적이고 감동을 주는 액션 러닝 퍼실리테이팅을 할 수 있게 합니다. 그러므로 액션 러닝 퍼실리테이팅은 마음만 먹는다면 어렵지 않게 배우고 습득하여 활용할 수 있습니다.

저는 지난 25여 년 동안 리더십과 액션 러닝 퍼실리테이팅의 조화를 통한 인간의 변화와 성장에 관심을 가지고 학습하고 연구하면서 많은 사람들을 만나왔습니다. (교수, HRD 교육 담당자, 코치, 트레이너, CS강사, 연수원 담당자, 교육진행자, 교사, 학원 운영자, 리더십 강사들이 자신의 프로그램과 강의를 멋지고 훌륭하게 진행하기 위해 많은 투자와 노력을 하는 것을 보았습니다.) 그들은 모두 아이스브레이킹 및 오프닝/클로징에 대한 아이디어와 다양한 방법론에 관심이 많았습니다.

첫 시간, 첫 만남에 어떻게 라포르라포, rapport를 형성할까? 점심시간 이후 졸려하는 학습자들을 어떤 방법으로 대처할까? 서비스교육을 액션 러닝 퍼실리테이팅으로 대신할 수 없을까?

액션 러닝 퍼실리테이팅으로 경험하고 서로의 느낌과 피드백을 종합하여 학습 참가자에게 맞는 리더십 강의를 한다면 최상의 효과를 낼 수 있을 것입니다. 적극적인 학습 참여형 교수–학습 방법으로서의 액션 러닝 퍼실리테이팅은 모임이나 강의를 좀 더 새롭고 창의적인 기법으로 이끌어가게 합니다. 능동적인 교수–학습 방법이 요즘 관심을 받고 있는 이유 중 하나입니다.

액션 러닝 퍼실리테이팅 기술은 타고난다기보다는 배워서 습득할 수 있는 것들입니다. 이 책에서 말하는 몇 가지의 기본원칙과 I.O.C.F.A.M을 학습하면 액션 러닝 퍼실리테이팅을 습득해서 훌륭한 러닝 퍼실리테이팅 기법과 액티브 강의 기법을 활용하여 교육

과정 운영과 강의를 자신 있게 할 수 있습니다. 언제, 어디서, 누구와 하더라도 규모에 관계없이 학습 목적을 돕고 교육 효과를 높일 수 있는 강의를 자연스럽게 진행하는 자신감 있는 강의 진행자가 될 것이라고 생각합니다.

주입식 강의를 하는 강사들은 대개 액션 러닝 퍼실리테이팅에 부정적인 입장을 보입니다. 특히 고가의 고급교육에서 시간에 쫓기다 보면 전할 내용이 너무 많아서 액션 러닝 퍼실리테이팅 없이 지식 전달만 하는 강의가 더 좋다고 여기는 사람도 많습니다. 또한 몇 가지 자료를 활용하면서도 액션 러닝 퍼실리테이팅을 잘 다루지 못하거나 소홀히 여기며 가볍게 취급하는 사람도 있습니다.

그들은 액션 러닝뿐만 아니라 러닝 퍼실리테이팅learning facilitating, 게임game, 액티비티activity, 롤플레이role play, 플립차트flip chart와 같은 학습 도구 활용이나 새로운 것에 대해 원초적으로 두려움을 가지고 있는 교수자들입니다. 아직도 많은 강사나 교수자가 주의 집중 기법으로 가벼운 레크리에이션 박수 게임, 스트레칭 비디오, 농담을 위한 농담, 간단한 핸드 게임, 안마하기, 난센스 퀴즈 등을 주로 사용합니다. 고가의 고급스러운 프로그램에서조차 교수자의 강의 운영 방식과 학습 촉진을 위한 활동이 콘텐츠 내용과 참가자의 수준을 따라가지 못하고 있는 것이지요. 이제 학습 참가자들의 수준이 높아져서 시간을 헛되이 보내는 인상을 주게 되면 참가자들은 곧바로 알아차리고 잘 따라오지 않습니다. 여기에는 퍼실리테이션과 액션 러닝 퍼실리테이팅의 차이도 있습니다. 학습을 안내하고 촉진한다는 공통점은 있으나, 학습자 중심의 참여식 교수-학습을 기반으로 하는 액션 러닝 퍼실리테이팅과 회의나 미팅을 효과적으로 운영하는 데 중점을 두는 회의 퍼실리테이션에는 차이가 있습니다.

교수-학습이나 학습자 중심의 참여식 교수법에 대한 전문 지식이 없는 퍼실리테이터가 액션 러닝 퍼실리테이팅을 운영하고, 러닝 퍼실리테이터 역할을 능숙하게 수행하기는 어렵겠지요. 이론적인 러닝 퍼실리테이션에 대한 학습과 연수를 받았더라도 실제적인 액션 러닝 퍼실리테이팅 방법으로 학습자 중심의 참여식 교수-학습에 참여하여 경험해보고 독자적인 액션 러닝 퍼실리테이터로서 교수-학습 활동을 하기 위한 준비가 필요합니다. 이렇게 하면 된다는 이론적인 지식만 가지고 가르칠 수는 없습니다.

이 책은 대교협 고등교육연수원에서 1박 2일 과정으로 실시된 한 학기(16주) 수업설계에 기반하여 학습자 중심의 참여식 학습으로 운영한 내용에 새로운 내용을 더하여 구성했습니다.

I.O.C.F.A.M 기반 러닝 퍼실리테이팅 스토리

코로나19 엔데믹으로 강의가 점차 정상적으로 이루어지고 있습니다. 당시는 소수의 콘서트 강사와 콘텐츠 플랫폼을 제외하고 일반 강의는 대부분 멈췄던 시기였지요.

그때의 경험으로 몇 가지 고민이 생겼습니다. 오프라인 공간이든 온라인 공간이든 어떻게 상호작용을 효과적으로 할 수 있을까? 어떻게 좀 더 효과적으로 라포르 형성을 통해 주의를 집중시키고 동기 유발을 할 수 있을까? 어떻게 동료학습으로 서로의 깨달음을 공유할 수 있을까? 특히 온라인 공간에서 이런 문제의 해결책을 찾는 것은 더더욱 어려울 수밖에 없습니다.

"세상에나, 그 좋은 환경인 오프라인 공간에서도 하지 않던 적극적인 상호작용과 학습자 중심의 참여식 수업을 익숙하지도 않은 온라인(줌zoom) 공간에서 하라고? 강의 도중에 채팅 내용을 보며 그 질문에 반응하라고? 게다가 소그룹 활동을 가능하게 하는 기술적인 프로그램의 사용법을 배워 토의, 토론이 있는 수업을 운영하고, 롤플레잉까지 해야 한다고? 더 나아가서 놀이, 게임 중심의 수업 진행을 하려면 어떤 준비를 해야 한다고?"

멘티미터, 패들렛, 구글문서와 기타 다양한 참여형 도구가 개발되어 보급되고, 강의와 수업을 연구하며 새로운 것들을 만들고 개발했던 소중한 시간이었습니다. 준비도 없이 많은 교수자가 강제적으로 이러닝e-learning 기술에 기반한 온라인 강의를 하면서 기술(원격 수업 운영 스킬)과 지식(수업 전달 내용)과 태도(수업에 참석하는 교수자와 학습자의 태도)를 통해 교육을 할 수 있는 기회이기도 했습니다. 그럼에도 불구하고 교육은 만남에서 시작되지요.

정말 중요한 강의나 수업을 진행하다가 당황한 적이 있나요? 강의를 열심히 준비했지만 엉망이 되어버린 적이 있나요?

"이러닝 시대인데, 예전과 달라진 것이 거의 없다."

"다 아는 뻔한 특강, 똑같은 세미나 정말 싫다."

"앉아서 듣기만 하는 강의는 지겹다."

"책으로 읽어도 될 것을 이 좋은 장소에 와서 강의만 듣다 가는 게 답답하다."

"피곤하고 졸리니, 일단 뒤에 앉아서 보겠다."

강의를 잘 진행했더라도 이런 식의 피드백을 받는다면 당황할 수밖에 없습니다.

다양한 수업 현장에서 25년이 넘게 학습 활동을 하면서 능동적인 게임 활동이 학습 대상과 장소에 따라 장점이 많다는 것을 몸소 경험했습니다. 학생뿐만 아니라 성인 학습자도 게임을 하면서 즐겁게 학습 활동을 하고 싶어 합니다. 그래서 저는 지난 25여 년간 가르치는 사람들을 위한 창의적 강의 기법과 액션 러닝 퍼실리테이팅 교수법, 조직 활성화를 위한 팀빌딩 게임, 야외 활동을 위한 아웃도어 프로그램, 가족을 위한 캠프 활동 프로그램 등을 만들고 지속적으로 연구하며 개선해왔습니다.

이런 액티비티와 능동적인 학습에 관심을 가지고 자료를 수집 정리하며 지적 사고와 배움을 통해 다양한 리더십 프로그램과 코칭 프로그램을 진행했고, 강의실 리더십과 코칭 대화를 위한 매뉴얼을 만들었습니다. 여기에 학습자를 위한 진단과 학습 전략 등이 더해지면서 창의적인 액션 러닝, 수업을 살리는 교수-학습 전략 러닝 퍼실리테이션, 액티브 러닝 퍼실리테이팅이라는 저만의 독특한 프로그램이 만들어졌습니다. 많은 기업과 공공기관 교육 담당자, 교육청 장학사, 교수학습개발센터의 담당자들이 제게 다양한 학습 상황에서 할 수 있는 재미있는 수업 활동 자료와 창의적 접근 방법에 대한 강의를 요청해왔습니다. 그 강의 제목도 다양합니다.

- 행복한 아침조회, 좋은 일터 만들기
- 마을학교 교사 역량강화를 위한 창의적 액션 러닝
- 액션 러닝으로 팀플 성공하기
- 참여와 몰입을 위한 액션 러닝 교수-학습 전략
- 교수법 어디까지 해봤니?
- 행복한 아침조회 미팅의 기술
- 플립 러닝 활성화를 위한 토의, 토론의 기술
- 조직 활성화를 위한 팀빌딩
- 강의 분위기를 살리는 아이스브레이킹
- 동기부여를 위한 스팟 기법
- 사람을 살리는 리더십 게임
- 강의를 살리는 스팟 게임
- 강사를 살리는 아이스브레이크 게임
- 대화를 살리는 스몰토크 기법
- 학습자의 마음을 열고 두뇌를 깨우는 액션 러닝
- 실천적 교수법을 극대화하는 다양한 강의 방법과 게임 아이디어
- 참여식 수업을 위한 창의적 강의 기법
- 청중을 사로잡는 시작과 마무리 기법
- 소통과 친밀감 형성을 위한 마음을 여는 액션 러닝
- 분위기를 활력 있게 만드는 다양한 수업 퍼포먼스

그리고 지금 운영하고 있는 '수업을 살리는 유쾌한 교수-학습 전략, 액션 러닝 퍼실리테이팅'까지 이런 모든 주제의 큰 흐름은 강

의자 중심의 일방적인 전달수업에서 학습자 중심의 상호작용이 가능한 능동적인 학습 방식으로 바뀌고 있습니다. 제가 진행하고 있는 '액션 러닝 퍼실리테이팅' 교수법은 지식과 정보를 전달하기 위해 강의만 열정적으로 하는 강사 중심의 교수-학습이 아니라 학습 참가자들이 적극적으로 참여하여 만들어가는 경험 학습이자 자기 주도적 학습으로 학습자가 중심이 되는 교수-학습 방법입니다.

다양한 강의 학습방법, 창의적 교수방법, 기존의 지식 전달형 교육 패러다임의 강력한 대안이라고 소개하는 이론 중심의 교육학적인 책이 많습니다. 그러나 그 이론이나 개념에 맞는 연구와 프로그램이 너무 빈약한 것이 아쉽습니다. 좋은 이론 못지않게 프로그램도 중요하다고 생각합니다. 그런데 뛰어나고 좋은 이론에 비해 그것을 실제 활동으로 계획할 때 활용할 수 있는 프로그램과 아이디어는 매우 부족한 형편입니다. 유머가 강의 분위기를 바꾸는 수업 전략이라고 말하지만 실제 사용할 수 있는 참신하고 새로운 유머 사례와 유머 개발에 대한 아이디어를 찾기는 쉽지 않습니다. 강의하는 콘텐츠의 수준에 맞지 않는 여기저기 떠돌아다니는 유머로는 한계가 있습니다.

게임만큼 좋은 강의 기법이 없다고 말합니다. 그러나 참신한 새로운 게임new game을 찾아내어 강의교안에 활용하는 일은 그리 간단하지 않습니다. 동영상을 강의에 활용하려고 해도 강사들은 동영상 편집에 서툴고, 동영상을 확보하기도 쉽지 않기 때문에 주변에 돌아다니는 한물간 자료를 활용할 수밖에 없습니다. 유머나 난센스 퀴즈도 마찬가지입니다. 여러분은 이런저런 강의에서 누구나 알 만한 한물간 이야기나 퀴즈를 들은 적이 있을 것입니다. 그때 느낌이 어땠는지요?

창의적 문제 해결 과정에서 '브레인스토밍'이나 '마인드 맵'이 아이디어를 모으고 정리하는 데 얼마나 좋은 방법인지 배우고 경험합니다. 그러나 실제 강의 중에 이런 다양한 교수방법을 적극적으로 활용하는 것이 그리 쉽지만은 않습니다. 마찬가지로 플립차트를 적극적으로 활용하라, 재미있는 교육 게임을 활용하라, 학습자의 마음을 움직이는 동영상 자료를 효과적으로 사용하라, 주의 집중을 위한 질문 응답 기법을 사용하라, 인터뷰나 롤플레잉을 활용하라고 여러 교수법에서 말하고 있지만 정작 언제, 어떻게, 어떤 내용을 활용해야 할지는 알기 어렵습니다.

지금 당장 활용 가능한 실용적인 내용을 원하는 것이지, 여기서 교육학적인 거대 담론을 원하는 것은 아닐 것입니다. 그런 좋은 이론은 교육학 책이나 온라인 자료에 잘 정리되어 있습니다. 이젠 따로 찾아볼 필요도 없이 챗GPT에게 물어보면 바로 답을 얻을 수 있는 시대가 되었습니다. 이 책《수업을 살리는 유쾌한 교수법》은 강의와 세미나 또는 크고 작은 다양한 모임을 창의적이고 성공적으로 만들어갈 수 있는 활동 프로그램을 풍부하게 담고 있습니다.

내가 진행할 강의나 모임을 새롭고 창의적인 것을 이용해 참가자들과 재미있게 성공적으로 이끌어가기를 원하시나요? 한 학기 16주 동안 늘 같은 학습 대상자를 만나게 되는 교수자들, 매일, 매달 같은 조직 안에서 같은 교육생들을 가르쳐야 하는 전문적인 사내 강사들, 사내 강사와 교육생을 매일 만나는 HR 교육 담당자들,

다양한 모임과 행사를 이끌어가는 진행자들, 그리고 사람들 앞에 서서 아침저녁으로 조회나 회의를 이끌어가는 리더들에게 조그마한 도움이 되기를 기대합니다.

인간은 행동action을 통해서 스스로 학습하는 존재입니다. 일단 행동으로 옮기면 성공과 실패 속에서 다양한 피드백과 사실을 기반으로 많은 것을 배우게 되지요. 다른 사람들의 다양한 경험, 사건과 사고, 출판물, TV, 컴퓨터, 인터넷, 부딪히는 많은 문제와 일로부터 다양한 경험과 성장을 하고 늘 무언가를 배웁니다.

이 책에서는 강의나 모임 전에 일찍 온 참가자들을 위한 프리오프닝pre-opening, 스팟팅, 리그루핑regrouping, 재미있게 주의 집중을 끄는 오프닝 체크리스트와 오프닝 아이스브레이킹, 효과적이고 기억에 남는 종료를 위한 클로징 기법, 강의 진행 중에 활용할 수 있는 스토리, 게임, 퀴즈, 행동, 카툰cartoon, 영상스팟, 스몰 토크small talk, 펩토크pep talk, 학습 촉진과 토의 토론을 위한 창의적인 프레임워크, 조직 활성화를 위한 팀업team up 프로그램을 소개하고 있습니다. 가르치는 사람이나 프로그램 진행자, 강사가 활용할 수 있는 교육 게임, 다양한 게임 도구, 교육 동영상 자료, 슬라이드에 대한 참고자료를 팁으로 소개합니다. 이 액션 러닝 퍼실리테이팅 내용을 한 가지씩 소그룹부터 인원이 많은 대형 강의까지 정적인 것에서 동적인 것으로, 활동에서 학습으로, 그리고 행동으로 옮길 때마다 그 즉시 효과가 나타날 것입니다.

액티브 러닝 퍼실리테이팅 교수 - 학습 방법의 효과

저는 학습 시스템의 초점이 강사, 교수, 교사가 가진 지식과 노하우에서 학습자의 체험으로 옮겨가는 최고의 방법은 액티브 러닝 퍼실리테이팅이라고 생각합니다. 저의 전작인 《스팟 백과사전》, 《아이스브레이크 마스터》, 《조직 활성화를 위한 팀빌딩》에 담긴 프로그램을 가지고 국내 대기업의 서비스 현장 실무자, 관리자와 리더를 비롯해 학교의 교사, 창의력 개발 연수를 받는 공무원, 많은 기업 교육 강사와 대학 교수, 그리고 직접 현장에서 일하는 사람들을 만나면서 이 프로그램들이 그들의 일터와 삶 속에서 시너지 효과를 주고 참가자들의 관계 형성과 열린 마음을 만들어가는 성공적인 모습을 보아왔습니다.

기업 교육에서도 외국계 회사와 몇몇 앞서가는 기업연수에서 사용되어 학습 운영에 효과적이라는 평가를 얻었습니다. 그 덕분에 강의로 일관된 2~3일간의 기업연수 프로그램에서도 좋은 피드백과 반응을 얻었습니다.

한 가지 사항을 덧붙이자면, 저는 프로그램 진행 능력과 말솜씨가 뛰어나지는 못하지만 우수한 프로그램 내용과 아이디어를 가지고 자신 있게 진행하면서 좋은 결과를 얻고 만족하곤 했습니다. 창의적인 액티브 러닝 퍼실리테이팅에 대한 요구가 많아지면서 모든 분야에서 '창의적인 게임과 능동적인 활동'은 최상의 가치를 구가하고 있습니다. 이미 우리에게는 창의적인 아이디어와 감각이 있습니다. 아울러 이 책을 읽어나가면서 탐구하다 보면 더 많은 아이디어와 창의적인 생각이 떠오를 것입니다. 그리고 일상의 모든 것으로부터 끊임없이 새로운 것을 발견해내고 '즐거운 학습'을 만들어 나가기를 기대합니다.

　이 책이 나오기까지 많은 분들의 도움이 있었습니다. 대학교육협의회에서 17여 년 동안 방학기간에 1박 2일(혹은 2박 3일) 과정으로 마음을 여는 창의적 액션 러닝 교수법과 수업을 살리는 유쾌한 교수-학습 전략 러닝 퍼실리테이션 과정을 진행했는데, 그때 뵈었던 여러 교수님들의 현장 경험에서 나온 조언에 감사드립니다. 한국리더십센터에서 2일 집중 과정으로 다시 한번 내용을 다듬으면서 업그레이드할 수 있었던 것은 좋은 기회였습니다. 교육부에서 학교운영위원회와 학부모 강사님들을 만나면서 깊이와 넓이를 더할 수 있었습니다. 또한 각 시·도 교육청과 교육연수원에서 초중고 교사를 만나 각 교과목에 따른 교수법을 함께 고민하면서 현장을 이해하는 시간은 우연과 행운이 함께 따르는 최상의 이너 게임Inner game이었습니다. 어려운 시기에 교수-학습에 대한 적절한 피드백을 해주며 변함없이 응원해준 루시에게 감사합니다. 이 책을 읽는 모든 분에게 세렌디피티의 행운이 함께하시기를 바랍니다.

No Action, No Learning!

Know Action, Know learning!

액션은 없고, 러닝만 있는 액션 러닝은 이제 그만!

차례

  **관계를 살리는
아이스브레이킹 이야기**

1장

2장 · 수업을 살리는 오프닝 이야기

3장 수업을 효과적으로 끝내는 클로징 이야기

4장 학습을 촉진하는 퍼실리테이팅 이야기

창의적으로 문제를 해결해가는 액션 러닝 이야기

5장

 **ACTIVE LEARNING FACILITATION**

관계를 살리는
아이스브레이킹
이야기

> **"새로운 시작은 언제나
> 얼음을 깨는 데서 출발한다.
> 자신의 가능성을 믿고 나아가자!"**
> – 미셸 오바마

#프리 아이스 브레이킹 #리그루핑 #라포르 #굿뉴스

수업을 살리는 유쾌한 교수-학습 전략인 액티브 러닝 퍼실리테이팅 과정에 오신 것을 환영합니다. 먼저 프리 아이스브레이킹은 참석자들과의 라포르 형성을 위한 활동으로, 강의나 수업을 시작하기 전에 강의실에 들어오는 학습자를 맞이하면서 학습 분위기를 조성하려고 교수자가 하는 적극적인 활동을 말합니다. 프리 아이스브레이킹을 하면서 수업 5분 또는 10분 전에 먼저 온 학습자를 위해 전반적인 안내를 할 수 있기 때문에 이는 수업을 촉진하는 좋은 방법입니다.

"자, 지금 앉으신 대로 강의가 시작되는 것이 아닙니다. 오전에 1회, 오후에 2회 정도 팀 리그루핑regrouping을 하면서 진행할 것입니다."

이 문구는 제가 강의 시작 10분 전에 1박 2일의 '수업을 살리는 유쾌한 교수-학습 전략 과정'에 참여한 교수자에게 리그루핑 방법을 안내해주는 내용입니다.

리그루핑 방법은 수업 중 적절한 타이밍에 참석한 학습자나 청중의 마음을 열고 수업 분위기를 조성하는 데 효과적으로 활용할 수 있습니다. 조별, 팀별 리그루핑 방법은 학습자의 공통점을 활용하는 것이 가장 자연스럽습니다. 학습 참가자들의 공통점에는 어떤 것이 있을까요? 팀을 나누고 조별 활동을 할 때 활용할 수 있는 공통요소를 찾아봅시다.

① 혈액형(A형, B형, AB형, O형)끼리 모이도록 요청해보세요. 재미있는 일이 벌어집니다. 그루핑 후 공평한 인원 배정을 위해 수혈을 해야 하는 상황이 생길 수 있습니다.

"A형 중에 혹시 AB형에 가까운 분 있으시면 손을 들어주세요."

"난 O형인데 B형의 성향이 있다고 생각하시는 분 있으세요?"

이렇게 각 그룹의 인원을 비슷하게 조율할 수 있습니다.

② 생일별로 모이도록 요청해보세요. 인원이 50명 이하일 때는 계절별로 모이게 하고, 인원이 50명 이상일 때는 월별로 모이게 하세요. 강의실에서 멀찍이 앉아 있던 참가자들이 이 요청에 하나둘씩 움직이며 서로 질문을 하기 시작합니다.

"음력이에요, 양력이에요?"라는 질문을 받기도 합니다. 이때는

"편하신 곳으로 가시면 됩니다"라고 대답하면 됩니다. 이처럼 몸의 움직임을 따라 마음과 생각도 움직이며 수업으로 참가자들이 들어옵니다. 이런 과정에서 자연스럽게 강의와 토의를 하기에 편한 그룹이 형성됩니다.

③ 학년별로 모이도록 요청해보세요. (교양과목과 같이 각 학년 학생이 모일 때 팀워크가 더 좋아집니다.) 학년별로 생각의 속도와 니즈를 이해하면서 서로 자연스럽게 라포르를 형성하겠지요.

④ 휴대전화의 이동 통신사가 같은 사람들끼리 모이도록 요청해보세요. 인사하면서 어떤 앱을 가장 잘 쓰고 있는지 이야기 나누고, 꼭 알아야 할 앱이 있으면 서로 이야기하세요. 자신만이 쓰는 앱의 사용법을 공유하면서 이야기를 시작할 수 있습니다.

⑤ 색종이나 색 도화지를 활용하여 그루핑을 할 수 있습니다. 지역별로, 부서별로, 전공별로 리그루핑을 하거나 같은 성씨끼리, 같은 고향끼리 모이게 하면 서로 관심을 가지고 자연스럽게 시작할 수 있습니다.

⑥ "먼저 오신 분들은 옆에 앉은 분들과 인사를 나누며 파트너를 찾아 자리를 이동해주세요. 혼자 앉아 계신 분들도 자리를 이동해주세요. 이미 교재를 보고 있는 분들은 시간을 1분 드릴 테니 포토리딩을 하듯이 교재를 넘기면서 살펴보세요. 교재에 어떤 이미지가 있는지, 어떤 내용이나 키워드가 있는지 훑어보세요."

테이블별로 시간을 주고 강의실에서 느낀 것, 보고 들은 것, 교재에서 찾을 것 등을 공유하는 시간을 가지게 해도 좋습니다. 이런 활동을 통해 학습자가 강의를 들으며 강의 공간에 관심을 갖고 친근함을 느끼도록 할 수 있습니다.

대학에서 교양과목을 강의할 때 학생들이 뒷자리부터 앉아서 앞자리와 중간 자리가 휑하게 비면 자리를 자연스럽게 정리하기 위해 다양한 리그루핑 아이디어가 필요합니다.

어떤 공통점과 재미있는 아이디어로 자연스러운 리그루핑이 가능할까요?

강의나 수업을 시작하면서 참가자들의 마음을 열게 하는 교수-학습 전략 중 가장 기본적인 것이 스몰토크입니다. 수업에서 활용할 수 있는 효과적인 스몰토크에는 어떤 것이 있을까요?

최근에 자신에게 굿뉴스good news가 있었나요?

두 사람씩 짝을 지어 '나 이런 좋은 소식 있어요' 하고 말할 수 있는 주제로 서로 이야기해봅시다. '나한테 요즘 어떤 굿뉴스가 있지?' 하고 생각해보는 시간을 가진 뒤 참가자들은 가족, 일, 학업, 건강, 인간관계에 관한 좋은 일을 이야기합니다. "저는 논문이 통과되어서 기분이 좋았는데 이게 저에게 굿뉴스입니다", "가지고 싶었던 스마트폰을 선물받은 게 저의 굿뉴스입니다" 이런 식으로 자신의 긍정적인 이야기를 나누면서 수업을 시작할 수 있습니다.

여러분도 이렇게 굿뉴스를 나누는 시간을 경험해보셨나요? 저는 25년 동안 강의와 다양한 모임을 진행하면서 아이스브레이킹의 첫 프로그램으로 굿뉴스 나누기를 주로 이용했습니다.

"자, 옆에 계신 분과 인사를 나누시고 굿뉴스를 서로 하나씩 공유하시지요."

참가자들은 처음에는 멈칫하지만 곧바로 인사를 나눈 뒤 이야기꽃을 피웁니다. 취업 같은 중요한 일부터 시작해서 감사할 작은 일에 이르기까지 이야기가 쏟아져 나옵니다.

"어제까지 감기로 고생했는데 오늘은 몸이 많이 좋아져서 제겐 이게 굿뉴스입니다."

참가자 30명이 두 명씩 짝 지어 15개 팀으로 나뉘어 대화하는 굿뉴스 셰어링 타임은 그 어떤 아이스브레이킹보다 긍정 에너지를 방출하게 해줍니다. 굿뉴스 나누기는 진행하기도 쉽습니다. 참가자들도 자기 이야기my story를 나누면서 마음을 열고 좋은 기운을 서로 주고받으니 긍정적인 분위기가 만들어집니다.

감정이 메말라 있어 입을 열지 않는 참가자들도 자연스럽게 참여해서 이야기를 하게 하는 방법입니다. 굿뉴스 셰어링은 스몰토크로 시작하기도 합니다. 스포츠, 날씨, 여행, 건강, 영화, 독서 등 작은 경험과 성취로 시작하는 것도 좋습니다.

요즘 가장 인기 있는 스몰토크 주제는 무엇인가요? 아마도 생성형 인공지능, 챗GPT, 빙Bing, 바드Bard일 것입니다.

자, 지금 이 글을 읽고 계시는 여러분에게는 요즘 어떤 굿뉴스가 있나요?

2 I.O.C.F.A.M 기반 액티브 러닝

이 책은 6개의 주제로 구성되어 있습니다. 6개 주제는 I.O.C.
F.A.M 프로세스로 강사나 교수자가 이미 아는 것, 그동안 보지 못
했던 새로운 것, 지금까지 생각지도 못했던 것으로 이루어져 있습
니다. 이미 한 학기 동안 수업을 하고 있는 교수자가 전문적인 콘텐
츠를 효과적으로 전달할 수 있도록 아이디어와 다양한 학습 촉진
방법으로 내용을 구성했습니다.

Ice breaking	Opening	Closing	Facilitaing	Action Learning	Map Magic Action Plan

이 프로세스는 교수자와 학습자 간, 학습자와 학습자 간에 강의나
수업을 하는 데 사용되고, 유쾌하게 교수 - 학습을 하는 데 활용될
수 있습니다. 이 책의 내용도 실제 대학교육협의회 고등교육연수원

에서 강의하는 2일 과정의 내용을 그대로 재연한 것입니다.

처음 학습자를 만났을 때 필요한 것이 아이스브레이킹입니다. (물론 '교수님, 저희는 수업을 들을 준비가 되어 있습니다. 말씀만 하소서'와 같이 들을 준비가 된 학습자에게는 아이스브레이킹이 따로 필요치 않겠죠.) 교수자와 학습자 간에 라포르를 형성하고, 팀 학습을 위해 학습자 간에 관계를 형성하고 친밀감과 신뢰관계를 쌓는 아이스브레이킹 전략입니다. 교수자에 따라 아이스브레이킹을 활용하는 방법이 다르겠지요. 또한 학습 대상에 따라 각기 다른 아이스브레이킹이 필요하기도 합니다.

이런 아이스브레이킹 활동으로 학습자의 마음이 열리고 학습자가 수업을 들을 준비가 되면 챕터별로 수업 목표와 연결되는 오프닝이 필요합니다. 아이스브레이킹과 오프닝이 동시에 진행되기도 하지만 아이스브레이킹은 말 그대로 수업으로 들어가기 위한 분위기 조성 및 마음 열기를 하는 것이라서 오프닝을 하려면 창의적으로 접근해야 합니다. 즉 학습 목표, 챕터에 따른 주제와 연결되는 다양한 촉진 방법이 필요합니다.

이렇게 수업이 잘 진행되면 효과적으로 마무리할 수 있는 전략도 중요합니다. 시작이 반이라고 한다면, 끝이 좋아야 모든 것이 좋겠지요. 학습 내용을 재학습할 수 있는 기술부터 기억능력을 높이기 위한 반복학습 전략, 의미 있는 각 주차 클로징 휴먼 스토리까지 준비된다면 감동적으로 마무리할 수 있을 것입니다.

I.O.C까지가 기본적으로 활용할 수 있는 '수업을 살리는 유쾌한 교수-학습 프로세스'입니다. 오프닝과 클로징 사이에 F.A 활용방

수업을 살리는 유쾌한 교수-학습 전략, I. O. C. F. A. M 프로세스 액티브 러닝

법을 생각해보겠습니다. 오프닝을 한 후, 수업을 진행하면서 지속적으로 주의를 집중하고 학습 동기 유발을 유지하기 위해서 창의적인 아이디어가 필요합니다. 그냥 해오던 대로 수업을 이끌어나갈 수도 있지만 학습자 참여 중심의 토의와 토론, 팀 학습 활동 및 발표를 위한 다양한 프레임워크가 필요합니다. 그래서 러닝 퍼실리테이션을 통한 학습 촉진 방법과 능동적인 학습을 위한 액션 러닝 기법을 활용하자는 것입니다.

여기에 I.O.C.F.A를 풍성하게 만들어줄 MAP(Magic Action Plan)까지 리뷰할 수 있다면 금상첨화라고 생각합니다. 이 I.O.C.F.A.M 프로세스는 가르치는 사람들에게 꼭 필요한 시스템입니다. 이 책을 읽어나가면서 지금까지 교수자로서 해온 강의 내용을 I.O.C.F.A.M이라는 프로세스로 정리해볼 수 있습니다.

이 책 내용을 중심으로 위의 이미지처럼 I.O.C.F.A.M을 정리한 후, 교수자들은 지금까지 활용해온 나만의 능동적인 활동 아이디어를 더하여 데이터 뱅크를 만들어보세요. 그때그때 필요한 소프트웨어를 찾아 사용하는 것이 아니라 나만의 데이터 뱅크를 만들어 사용한다면 계획적이고 능동적인 수업을 진행할 수 있을 것입니다. 우연히 괜찮은 것을 활용하는 강의가 아니라 계획적으로 나만의 데이터를 만들어 활용하는 강의가 되시기를 바랍니다.

자, 이제 I.O.C.F.A.M 프로세스를 따라가보겠습니다.

3 모든 만남의 첫인상, 아이스브레이킹

"아이스브레이킹 하면 무엇이 떠오르나요?" "아이스브레이킹이란 무엇일까요?"

학습자로 참여한 교수자들에게 이 질문을 하면서 아이스브레이킹에 대한 이해도를 파악해보면 사람마다 아이스브레이킹에 대한 정의와 정리, 활용 정도가 다름을 알 수 있습니다. 가벼운 게임, 즐거운 레크리에이션 정도로 생각하는 사람도 있고 참가자들의 마음을 열고 상호교류 분위기를 조성하는 수단으로 여기는 사람도 있습니다. 더 나아가서 라포르 형성을 통해 친밀감을 형성하고 신뢰관계를 구축하며, 지금 이 자리가 안전하다는 느낌과 여기에 함께해도 좋겠다는 소속감을 가지게 만드는 용도로 아이스브레이킹을 활용하는 사람도 있습니다.

① 아이스브레이킹 Ice-Breaking

아이스브레이킹이란 말 그대로 얼음 깨기입니다. '얼음 깨기-마음 열기-관계 맺기-대화하기-토론하기'의 전 단계에서 분위기를 띄우는 과정입니다. 한마디로 얼어붙은 분위기를 깨고 친밀감을 조성하는 다양한 활동입니다. 마음 열기는 강의 주제나 토론으로 들어가기 전에 주의를 집중시키는 웜업 warm up 단계이지요. 마음이 열리면 관계 맺기와 대화하기로 서로에 대해 알아가는 것이 쉽습니다. 사람들 사이의 얼음처럼 차갑고 냉랭한 분위기를 자연스럽고 유쾌한 분위기로 만드는 활동입니다. 즉 긴장되거나 어색한 관계를 해소해주는, 마음을 열어주는 분위기 조성 게임 활동입니다.

② 아이스브레이커 Ice-Breaker

서먹서먹함을 없애야 하는 상황에서 붙임성 있는 사람, 처음 만난 사람들끼리 딱딱한 분위기를 풀고 친밀도를 높이기 위해 활동하는 사람을 말합니다. 아이스브레이킹을 잘 준비하지 않은 교수자는 아이스맨이 됩니다. '그까짓 아이스브레이킹이 뭐가 그렇게 중요하다고. 강의만 잘하면 되지!'라고 생각하는 순간, 분위기는 가라앉고 교수자의 일방적인 전달로 강의는 지루해집니다.

서먹서먹하고 썰렁한 분위기를 확 깨뜨리는 아이스브레이킹 활동은 학습 참가자들의 마음을 열고 수업을 살리는 좋은 교수-학습 전략의 하나입니다. 단순히 계획된 진도에 따라 지식과 정보를 전달하는 학습이 아니라 몸과 마음, 생각, 감정을 교류하고 체험할 수 있는 학습자 중심의 액티브 러닝을 만들기 위해 아이스브레이킹을 활용해보세요. 각종 모임과 연수교육의 첫 시간에는 사람들 대부분의 몸과 마음, 생각이 굳어 있기 마련입니다. 어떤 참가자는 이때 느끼는 긴장과 스트레스가 심각해서 사람들을 만나고 앞에 나서기를 꺼리기도 합니다.

또 경험이 풍부한 강사나 교수자라고 할지라도 세미나, 교육연수, 행사 등에 참여하여 사람들을 처음 만나거나 사람들 앞에 나서게 될 때 다수의 눈길에 긴장해 소극적으로 되기 쉽습니다. 이때 진행자나 강사가 우스갯소리나 농담을 즉석에서 하면서 분위기를 바꾸려고 해도 사람들은 쓴웃음만 짓고 분위기는 더 침체됩니다. 따라서 첫 만남, 첫 모임에서 분위기를 부드럽게 하기 위하여 본 프로그램으로 들어가기 전에 다양한 기술이 필요합니다.

간단하게는 오리엔테이션이나 자기소개 하기, 명함 교환하기, 모임에 대한 기대 나누기 등이 있고, 좀 더 구체적으로 참가자들의 관계 형성과 상호작용을 위한 아이스브레이크라는 전문화된 프로그램도 있습니다. 아이스브레이크는 말 그대로 얼음과 같이 차가운 분위기를 깨뜨려 수업이나 모임의 목표를 이루도록 최상의 분위기를 만드는 프로그램을 말합니다.

수업이나 특강, 각종 모임, 세미나에 참석해보면 참가자들끼리 서로 모르는 상태에서는 쑥스럽고 어색해 자연스러운 분위기가 형성되지 못하고, 모임의 효과도 떨어지게 됩니다. 이때 학습활동과 주제를 다루는 다양한 방법을 통해 참가자들의 얼어붙은 마음을 녹여 긍정적으로, 활동적으로 바꾸어나가야 합니다. 이제는 아이스브레이크라는 말이 일반화되어 많은 강사와 교수자가 이 아이스브레이킹에 많은 시간을 투자하여 학습 분위기를 화기애애하고 부드럽게 바꾸려고 노력합니다. 이런 아이스브레이킹 활동이 수업이나 프로그램을 진행하는 강사에게도 편안하고 자연스럽게 그다음 시간을 이끌어나가는 데 도움이 되기 때문입니다.

아이스브레이킹은 조별로 2인 이상 혹은 팀원 모두가 참가하여 서로 이해하고 열린 마음으로 교육에 능동적으로 참여하게 하는 상호작용 프로그램입니다. 액션 러닝이나 퍼실리테이팅에서 더 나아가서 다양한 리더십, 코칭 세미나와 모임 등에서 첫째 날에 친밀한 인간관계 촉진을 위한 프로그램을 주로 도입하고 있습니다. 아이스브레이킹은 팀빌딩team building이나 팀워크team work의 기초가 되므로 팀 활동이나 팀 프로젝트를 운영할 때도 상호 이해와 관계 형성을 촉진하기 위해 교육 운영의 초반에 도입하여 실시하고 있습니다.

아이스브레이킹은 게임 활동 자체에 의미가 있을 수도 있지만, 참가자들의 마음을 이완하고 프로그램에 자발적으로 참여하도록 만드는 데 큰 역할을 합니다. 첫 시간의 이 경험에 의해 참가자들은 그 모임과 프로그램 전체를 가늠하고 평가 내리기도 하며, 프로그램과 강사에 대한 이미지를 형성합니다. 그래서 아이스브레이크는 모든 강의와 수업, 경험활동 프로그램, 워크숍, 세미나의 첫인상이 됩니다.

필자의 경험에 따르면 리더십 캠프에 참여한 청소년들은 잘 계획된 아이스브레이킹 프로그램 속에서 다른 캠퍼들과 친밀감을 쌓고 관계가 신속하게 발전해 적극적으로 참여하게 되기도 합니다. 교수자마다 소중한 첫 시간(짧게는 10~20분, 길게는 1시간 정도)을 라포르 형성, 분위기 조성, 다른 참가자들과의 대화, 팀워크와 팀빌딩에 사용합니다. 전체 프로그램의 이미지 메이킹이라고 해도 과언이 아닐 정도로 아이스브레이킹은 중요합니다. 여러분은 운영하는 모임의 성격이나 상황에 따라 모든 참가자의 단합을 유도하고 그들의 마음을 발산시킬 수 있는 오프닝 아이스브레이킹을 잘 준비하여 시작하시나요?

인원이 많을 때는 팀 게임이나 팀파워 같은 내용의 프로그램이 좋고, 50명 이하일 때는 아기자기한 분위기로 친밀감을 높일 수 있는 간단한 아이스브레이킹 게임과 능동적인 활동이 좋습니다. 이런 아이스브레이킹 참여 시간을 통해 참가자들의 상호교류가 늘고 몸과 마음이 열려 학습 태도가 개선됩니다. 따라서 교수자와 학습자는 유익한 아이스브레이크 게임과 활동의 위력을 느낄 수 있을 것입니다.

4 여덟 가지 아이스브레이킹의 핵심요소를 효과적으로 활용하기

그러면 아이스브레이킹의 요소와 방법에는 어떤 것이 있을까요? 아이스브레이킹을 한마디로 이야기하면, 짧은 시간(3~6분)에 내가 운영해야 할 학습 모임의 경직되고 긴장된 분위기를 깨뜨리고 부드럽게 만들어 참가자들의 마음을 여는 것이라고 할 수 있습니다. 'I.C.E.B.R.E.A.K'라는 단어가 의미하는 아이스브레이킹의 여덟 가지 중요한 요소와 방법을 살펴보면 다음과 같습니다.

상호교류 Interaction	변화 Change	에너지 레벨업 Energy up
지식과 정보 Knowledge	**아이스브레이킹**	유익과 혜택 Benefit
성취감과 목표 Achievement	예능력과 환영 Entertainment	게임과 재창조 Recreation

이 여덟 가지 요소를 수업이나 모임의 목표에 따라 어떻게 활용하느냐가 중요합니다. 동적인 아이스브레이킹이 있는가 하면, 정적인 아이스브레이킹도 있습니다. 예를 들면 필자의 경우에는 강의를 시작하면서 강력하게 학습자의 관심을 끄는 게임요소를 활용합니다. 볼 토스나 반전 역전이라는 아이스브레이킹으로 짧은 시간에 학습 참가자들의 학습 참여 의지와 에너지를 불러일으킵니다. 대상과 분위기에 따라 인터뷰 게임이나 '우리 함께 찾아보아요'라는 정적인 대화 아이스브레이킹을 활용하여 테이블에 앉아서 서로를 알아가기도 합니다.

기본적으로 아이스브레이킹은 상호작용이 가장 중요합니다. 아이스브레이킹은 서로를 알아가며 관계를 형성하고 학습에 좋은 분위기로 변화시킵니다. 여기에서 강의, 강연, 수업이 각각 차이가 있음을 생각해야 합니다. 최근 몇 년 사이에 방송가에서 하는 자기 이야기 중심의 콘서트 형식 강연이 유행해 이를 강의와 혼동하는 사람이 늘고 있습니다. 기업교육이나 학교수업의 강의가 말솜씨가 좋은 진행자의 익숙하고 재미있는 강연, 잘 짜인 참석자들의 이야기와 노래가 어우러진 구성, 역할연기나 레크리에이션, 반복되는 박수로 이루어지기보다는 학습자 참여 중심의 능동적인 아이스브레이크를 통해 참석자들이 친밀감을 형성하고 서로 대화할 수 있는 분위기가 조성되면 좋겠지요.

서로를 알아가기 위해 질문하고 동료의 이야기를 들어주며 재미있는 활동을 하면서 긍정 에너지가 만들어진다면 좋은 아이스브레이킹이라고 생각합니다.

자, 그러면 자연스럽게 수업이나 강의를 시작하기 좋은 아이브스레이킹으로 연결해볼까요? 학습 참가자들 앞에 서서 "여러분 모두 자리에서 일어나 주시겠어요?"라고 말합니다. 이미 참가자들이 앉아서 형성된 테이블별로, 혹은 앞에서 학습한 방법을 활용하여 전체 참가자를 대상으로 리그루핑을 할 수 있습니다.

아이스브레이킹을 할 때는 그냥 시작하면 됩니다. "우리는 지금 볼 토스라는 게임을 할 것인데요", "제가 지금 아이스브레이킹 박수를 하나 가르쳐드릴 텐데요"와 같은 말로 오프닝을 할 필요가 없다는 것이지요.

이제 일어나셨으면 원을 만들면서 손을 잡고 서로를 쳐다보시면 됩니다.

5 강력한 아이스브레이킹 1.
볼 토스

개요 손을 잡고 원을 만든 팀원들이 공을 바닥에 떨어뜨리지 않고 목표량을 토스하는 게임입니다.

목표 참가자들 간에 워밍업, 패러다임 전환, 몸과 마음의 변화와 개선 효과

준비물 비치 볼 4개 이상(그룹 수보다 2개 많게 준비), 비치 볼에 바람을 넣는 펌프

규칙 및 주의사항
① 손을 절대로 놓지 않아야 합니다.
② 원을 작게 하여 토스하지 않아야 합니다. 즉 원 안에 일정한 공간이 확보되어야 합니다.

③ 게임 도중에 손을 놓으면 볼 토스 기록이 '0'이 되고, 땅에 떨어져도 처음부터 다시 시작해야 합니다.

④ 가장 중요한 게임의 룰은 발과 머리로만 볼을 토스하는 것입니다. 몸이나 무릎, 팔에 맞은 것은 토스로 인정하지 않는 대신 볼이 살아 있는 것으로 보고 계속 볼 토스를 할 수 있습니다.

진행 방법

① 참가자들은 둥글게 손을 잡고 안쪽을 바라보며 섭니다.

② 비치 볼 하나씩을 각 팀에 주고, 손을 잡은 상태에서 공을 떨어뜨리지 않고 토스하는 연습을 할 수 있도록 시간을 2~3분 정도 줍니다.

③ 진행자는 각 팀을 돌아다니며 볼 토스 연습을 확인하고 상황을 살피며 대화합니다.

④ 연습 시간이 끝난 뒤 팀별로 도전하여 목표 달성을 위한 볼 토스 게임을 시작합니다.

tip 진행자를 위한 팁

- 팀을 3~4개로 나누어 아이스브레이킹을 하면서 게임에 쓸 공의 상태를 확인합니다.
- 참가자들이 공을 토스하는 횟수를 소리 내어 세도록 유도합니다.
- 각 팀의 활동 모습을 보면서 토스를 더 많이 할 수 있는 방법을 팀별로 코치합니다. (예: '제자리에서만 토스하지 말고 볼을 따라

팀 전체가 움직여라', '참가자 위치를 재배치하라' 등)

볼 토스 연습이 끝나면 한 팀씩 볼 토스를 해보도록 기회를 줍니다. 각 팀이 볼 토스를 하는 모습에서 다양한 방법과 아이디어가 사용된 것을 볼 수 있습니다. 목표로 잡은 볼 토스 30개를 제대로 달성하는 팀이 거의 나오지 않는 것이 이 게임의 묘미입니다. 팀워크가 있어야 달성할 수 있는 목표입니다. 자, 어떻게 하면 모든 팀이 30개 이상의 볼 토스 목표를 달성할 수 있을까요? 손을 잡고 볼 토스를 한다고 하면 평상시처럼 옆 사람의 손을 잡게 됩니다. 그러나 볼 토스 30개라는 목표를 달성하기 위해 손을 어떻게 잡는 것이 더 좋은지, 팀원을 어떻게 재배치할지 등을 팀원들과 소통하면서 게임에 함께 참여할 수 있도록 다양한 피드백과 코칭을 해줄 수 있습니다. 이것이 볼 토스 게임의 매력입니다.

다음의 질문에 대해 토의하며 서로 피드백을 줄 수 있습니다.

- 우리 가운데 누가 목표 달성에 도움이 되는 아이디어를 제공했습니까?
- 더 많은 볼 토스를 할 수 있는 좋은 방법이 계속 나왔는지요?
- 참가자들의 생각이 제한되어 있어 수동적으로 참여하지 않았는지요?
- 볼 토스를 위한 동작, 태도, 행동으로 팀워크를 개선했습니까?

하나 더, 생각해볼 것이 있습니다.

코로나19 상황처럼 아이스브레이킹을 할 때 스킨십이나 능동적인 활동이 쉽지 않을 경우에는 팀별로 테이블에 둘러앉아서 할 수 있는 볼 토스를 생각할 수 있습니다. 비치 볼이 아니어도 앉은 자리에서 할 수 있는 작고 가벼운 볼(풍선)을 사용한다면 얼마든지 다양한 아이스브레이킹 방식을 선택할 수 있습니다. 움직임이 크지 않고 앉아서 하는 볼 토스라면 손을 잡지 않고 진행하는 것도 좋은 방법입니다.

한번은 1박 2일 강의 첫 시간에 아이스브레이킹을 준비하는데, 교육 담당자가 와서 최근에 성희롱 예방교육이 강화되어 스킨십이 포함된 아이스브레이킹은 조심스럽다고 이야기를 하는 것입니다. 그래서 테이블별로 앉아서 할 수 있는 볼 토스로 바로 바꾸어 잘 진행하였지요. 조직의 분위기에 따라 조심해야 하는 단어나 이야기, 행동을 미리 물어봐야 합니다. 볼 토스 활동이 끝나면 손을 잡고 원을 만든 상황 그대로 역전이라는 능동적인 아이스브레이킹 활동으로 연결합니다.

개요 반전 역전 게임은 다른 아이스브레이크에 비해 매우 동적인 활동입니다. 참가자들이 자기 생각을 교환하고 시행착오를 겪으며 반전을 일으키는 좋은 커뮤니케이션 아이스브레이킹 게임입니다.

목표 어색함을 무너뜨리는 간단한 스킨십(손)을 통해 셀프리더십 발생, 생각 나누기를 통해 커뮤니케이션 스킬 향상, 능동적인 팀워크 활동 강화

시간 3~6분

인원 전체 인원을 8~15명으로 나누어 팀을 2개 이상으로 구성하여 진행할 수 있습니다.

준비물 마이크(호루라기), 스톱워치, 가사 없는 경쾌한 음악

진행 방법

① 각 팀은 안쪽을 바라보고 서서 원을 만들고 손을 잡습니다.

② 각 팀에 모든 방법을 동원하여 안쪽을 보고 있는 원을 밖을 바라보는 원으로 만들어달라고 요청합니다.

③ 단, 한번 잡은 손은 게임이 끝날 때까지 놓을 수 없습니다. 이때 한 사람이라도 손을 놓으면 반칙이 됩니다.

④ 각 팀의 문제 해결 방법은 여러 가지가 있으나 가장 쉽게 할 수 있는 방법을 선택합니다.

⑤ 보통은 한 바퀴씩 돌면서 손이 뒤틀리거나 모든 팀원이 각자 빙빙 돌면서 엉키거나 합니다. 앉아서 서로의 손을 넘어가기도 합니다. 어떤 팀은 아예 드러누워 뒹굴기도 합니다.

⑥ 팀 경쟁을 하다 보면 빨리 문제를 해결해야겠다는 생각이 들어 서로 뒤엉킨 채 애를 쓰게 됩니다.

⑦ 결국은 시행착오를 겪다가 우연히 성공하는 팀이 나오게 됩니다.

tip 진행자를 위한 팁

① 진행자가 밖을 보는 원으로 반전하라는 과제를 줄 때 학습 참가자들은 잠시 '멈추고 생각하고 선택하는stop-think-choose' 과정을 통해 셀프리더십self-leadership을 생성하고 서로 대화하며 문

제를 풀어나가는데 이것이 이 아이스브레이크 활동의 목표입니다.

② 모든 사람이 "시작!" 신호와 함께 움직이기 때문에 오히려 게임이 더 어려워집니다. 시행착오를 거쳐 성공한 팀도 있고, 우연히 문제 해결을 한 팀도 나옵니다. 이때 다시 안쪽을 바라보는 원래의 원으로 역전을 하라고 하면 문제를 쉽게 해결하지 못하고 다시 뒤엉키는 팀이 발생하게 됩니다. 그 이유는 전 단계인 반전 과정에서 정확하게 문제를 해결하지 못했기 때문입니다.

문제를 안쪽으로 푸느냐 밖으로 푸느냐에 따라 해결의 실마리가 달라지기도 합니다. 시간이 지나면서 모든 팀이 성공하게 될 것입니다. 요령을 터득한 팀들은 반전과 역전을 반복하게 하고, 문제 해결을 한 적이 있는 문으로만 빠져나가지 말고 모든 사람이 문이 되어 통과할 수 있도록 합니다. 이 반전 역전 활동은 참여하는 학습자들에게 대단한 아이스브레이킹 효과가 있습니다.

③ 누구의 아이디어로 문제 해결을 했는지 살펴봅시다. 모든 사람이 정답을 알고 있지 않고 팀원 중 한두 명만 리더가 되어도 문제를 해결할 수 있음을 알 수 있습니다.

④ 반전 역전 활동의 요령은 두 사람이 손을 높이 들어 아치문을 만들고 그 사이로 모든 사람이 빠져나가면 되는 것입니다. 이때 문제 해결을 안쪽으로 하면 더 복잡하게 뒤엉키겠죠. 다시 원래의 형태로 역전을 할 때도 안쪽으로 문을 만들어 들어오

게 하면 원이 풀리지 않습니다. 두 사람이 아치 모양의 문을 만들어 거꾸로 빠져나가는 것이 가장 쉬운 방법입니다. 교수자가 사용해보지 않으면 쉽게 도전하기 어렵지만 강력한 아이스브레이킹 효과가 있는 활동이기도 합니다. 그냥 내용을 따라가면서 서로 대화하고 활동하는 아이스브레이킹도 있지만, 반전 역전처럼 결과를 완성해 참가자들이 만족하고 "아하!" 하고 말하는 경험을 할 수 있는 아이스브레이크 활동도 있습니다. 이런 활동에서는 진행자가 어떻게 해야 문제가 해결되는지를 정확히 알고 운영을 해야 합니다.

참가자들이 계속 원이 꼬이고 뒤엉켜 힘들어하면 진행자는 문제 해결을 위해 힌트를 줘야 합니다. 모든 팀이 반전과 역전을 거듭하면서 스스로 결과를 반복하고, 그런 상황에서 참가자들은 서로 대화하며 아이스브레이킹을 하게 됩니다.

개요 주사위 게임과 질문이 어우러져 자연스럽게 대화하며 마음을 열어가는 질문 아이스브레이킹으로 보드게임을 하듯이 테이블별로 동시에 운영할 수 있습니다.

목적 수업이나 모임 전에 팀별 아이스브레이킹으로 마음을 열고 팀원끼리 생각을 공유하기

시간 3~6분

준비물 팀별로 주사위 1개씩, A4 시트 혹은 PPT 자료

진행 방법
① 팀 테이블별로 주사위를 하나씩 줍니다.

② 팀 리더부터 시작해 돌아가면서 팀원 전체가 주사위를 2회 던질 수 있습니다. 첫 번째 던진 주사위는 가로 숫자를 의미하고, 두 번째 던진 주사위는 세로 숫자를 의미합니다.

③ 예를 들면, 첫 번째 던진 주사위(가로)가 4, 두 번째 던진 주사위(세로)가 2가 나왔다면, 아래 표에서 보듯 질문은 "슬럼프를 극복하는 자신만의 방법은?"이라는 것이죠. 이 질문을 본인이 크게 읽고 다른 팀원에게 질문에 대한 해결방법이나 솔루션을 말한 뒤 옆 사람에게 주사위를 주면 됩니다. (주사위를 던진 후 자기 질문을 확인만 하고 옆 사람에게 주사위를 넘기면 안 된다는 것!)

④ 리더를 중심으로 오른쪽으로 돌아가며 한 사람씩 주사위를 2회 던지고 거기서 나온 자기 질문에 대답을 한 뒤 오른쪽 사람에게 주사위를 주면 됩니다.

⑤ 우연히 나오는 질문이기에 자신의 마음을 열어가며 생각을 나누는 시간이 될 것입니다.

마음을 여는 아이스브레이킹 질문

	1	2	3	4	5	6
1	당장 여행하고 싶은 곳? 이유는?	인생에서 중요하게 생각하는 가치는?	일상생활에서 여유를 찾는 자신의 방법은?	지금 이 시간 자신의 마음을 표현하는 단어는?	작년에 기뻤던 일 세 가지는?	자신의 성격을 표현하는 한마디는?
2	인생에서 감사해야 할 세 사람은?	스스로 멋지게 보일 때는?	아직 시도하지 않았지만, 이루고 싶은 꿈은?	슬럼프를 극복하는 자신만의 방법은?	요즘의 주된 관심사는?	자신이 멋있게 보일 때는?

3	심심하고 무료할 때 하는 것은?	지난 일주일간 자신이 한 착한 일 세 가지는?	요즘의 주된 고민은?	만날 수 있다면 만나고 싶은 사람은?	시간과 돈이 허락된다면 해보고 싶은 것은?	살면서 잘했다고 생각하는 것은?
4	살면서 가장 행복했던 순간은?	조직에서 나의 도움을 가장 필요로 하는 사람은?	지금의 자신에게 선물을 준다면?	자신에게 스스로 해주고 싶은 칭찬 세 가지는?	주변 사람에게 듣고 싶은 말은?	인생의 특정 시점으로 돌아갈 수 있다면 가고 싶은 때는?
5	지금 내가 가장 성취하고 싶은 것은?	자신의 가장 소중한 물건은?	살면서 후회되는 것은?	앞으로 꼭 해보고 싶은 것은?	마지막으로 엉엉 울어본 때는?	마지막으로 깔깔 웃어본 때는?
6	자신의 고치고 싶은 점은?	한 달간의 휴가가 주어진다면 하고 싶은 일은?	언제, 무슨 일을 할 때 에너지가 생기나요?	인생에서 가장 성공했다고 생각되는 것은?	내가 다른 사람의 감정을 읽는 비결은?	나의 관계 맺기 비결은?

	1	2	3	4	5	6
1	코로나19에 대한 나만의 대처 방법은?	가장 좋아하는 말, 명언, 속담은?	우리 동네의 자랑거리는?	가족여행 중 가장 기억에 남는 곳은?	내가 존경하고 본받고 싶은 롤모델(멘토)은?	온라인 수업을 효과적으로 하는 방법은?
2	코로나19로 바뀐 선호하는 직업은?	나의 장점 두 가지는?	나만의 스트레스 해소 방법은?	내가 정말 좋아하는 음악 장르는?	꼭 배우고 싶은 악기는?	온라인 수업 중 최고의 경험은?
3	코로나19가 바꾼 가장 획기적인 것은?	내가 제일 잘하는 것은?	지금 이 시간을 표현하는 사자성어는?	가장 듣고 싶은 말은?	주변 사람에게 듣고 싶은 말은?	온라인 수업이 지금 나에게 준 가장 큰 의미는?
4	코로나19가 나에게 준 의미는?	가장 좋아하는 운동은?	장래에 꼭 해보고 싶은 역할은?	내가 가장 자랑스러웠던 때는?	좋아하는 스포츠 종목은?	리더에게 가장 필요한 것은?

5	코로나19 하면 연상되는 것 세 가지는?	최근에 굿뉴스는?	가장 좋아하는 동물은?	열고 싶은 잠재력은?	꼭 만나고 싶은 연예인은?	가장 재미있게 읽었던 책은?
6	코로나19 백신을 맞은 시기와 종류는?	지금 기분은?	과거로 돌아간다면, 가고 싶은 시점은?	부모님께 꼭 해드리고 싶은 것은?	만약에 내가 남자(여자)라면 하고 싶은 것은?	즐겨 보는 웹툰은?

⑥ 위 질문 시트는 첫 아이스브레이킹을 할 때 일반적인 질문을 하며 대화를 나누는 용도로 활용할 수 있습니다. 아래 두 번째, 세 번째 질문 시트는 참가 대상에 따라 그때그때의 상황과 환경을 반영해 질문 내용을 바꾸어 만들었습니다. 학습 참가자들의 관심사와 트렌드를 고려하여 생각과 마음을 열고 자연스럽게 대화하도록 질문을 개발하고 촉진할 수도 있습니다. 참가 대상이 대학생인지, 청소년인지, 성인인지에 따라 질문을 조금씩 바꾸면 좋은 콘텐츠를 만들 수 있습니다. 가까운 가족이나 친구와 함께 주사위 놀이를 하듯 파일럿 테스트를 먼저 시작해보세요.

코로나19로 인해 2023년 1학기에 줌 실시간 온라인 수업(강의)을 하면서도 스마트폰의 주사위 애플리케이션을 활용해 소회의실에서 아이스브레이킹을 할 수 있었습니다.

'No Offline, No Online!' 오프라인에서 활용하여 효과를 본 아이스브레이킹 프로그램은 조금만 자신감을 가지면 온라인에서도 얼마든지 활용할 수 있습니다. 면대면 수업환경에서도 하지 않던 능동적인 활동을 온라인 환경에서 효과적으로 활용하기는 쉽지 않을 것입니다.

테이블별로 학습 참가자들 관점에서 질문을 만들어서 질문 아이스브레이킹 보드판을 만드는 것도 좋은 방법입니다. 보드판을 만들어놓고 질문 내용을 학습자들이 직접 작성하는 것도 좋습니다.

	1	2	3	4	5	6
1	좋아하는 과목은?	거울을 볼 때 드는 생각은?	공부 외에 하고 있는 고민은?	내가 가장 슬펐을 때는?	우리 동네 자랑거리가 있다면?	이번 주에 가장 기뻤던 일은?
2	가장 친한 친구는?	가족 중 나에게 가장 도움을 주는 사람은?	내가 자랑스러웠던 적은?	어른이 되어서 꼭 해보고 싶은 것은?	좋아하는 운동은?	장래 희망은?
3	심심할 때 하는 것은?	나에게 가장 소중한 물건은?	내가 제일 잘하는 것은?	지금 기분은?	좋아하는 음악 장르는? (가요, 팝 등)	가장 재미있게 읽은 책은?
4	가족여행 중 가장 기억에 남는 곳은?	지금 가장 가지고 싶은 것은?	제일 좋아하는 TV 프로그램은?	최근에 본 영화는?	주변 사람들에게 듣고 싶은 말은?	어린 시절로 돌아가면 하고 싶은 일은?
5	지금 내가 가장 하고 싶은 것은?	만나고 싶은 연예인은?	싫어하는 과목은?	학교에서 갔던 곳 중 가장 기억에 남는 곳은?	목표를 정하고 달성해 본 적은?	가장 좋아하는 동물은?
6	나에게 고치고 싶은 점이 있다면?	제일 듣기 싫은 말은?	즐겨 보는 웹툰이 있다면?	내가 똑똑하다고 느낄 때는?	부모님께 가장 해드리고 싶은 것은?	가장 듣고 싶은 말은?

질문 시트를 주제별, 대상별, 학습한 과목별 등으로 다양하게 만들어 사용해보시길 바랍니다.

8 슈퍼스타 ○○○ 인터뷰! 사람을 살리는 인터뷰 게임

참가자 중심의 상호작용 아이스브레이킹에서 가장 기본이 되는 것이 바로 인터뷰 게임입니다. 진행자의 기술이 특별하게 필요하지 않지만 프로그램 완성도와 만족도가 높은 아이스브레이킹입니다. 단, 인터뷰 질문 시트와 의도된 질문이 잘 준비되어야 합니다.

개요 인터뷰 형식이라는 아이스브레이크 프로그램을 통해 수업이나 모임에서 서로 가까이 앉아 학습 시간을 함께 보내게 될 파트너와 서로를 알아가는 시간을 가지며 대화하게 합니다.

진행 방법

① 가위바위보를 해서 먼저 이긴 사람이 인터뷰를 시작합니다.
(한 사람의 인터뷰가 끝나면 서로 바꾸어서 인터뷰를 완성합니다. 한 문항에 30초의 시간을 줍니다.) 주어진 문항 6개를 가지고 나의 파트

너가 어떤 사람인지, 가족관계와 자신의 자부심 및 성취감을 알아가는 시간을 가지게 합니다.

② 문항 6개를 인터뷰하는 데 한 사람당 약 3분씩(전체 6분) 시간을 줍니다. 이때 파트너의 진술 내용을 잘 메모하면서 인터뷰를 이끌어가야 합니다. '슈퍼스타 ○○○을 만나다' 질문지를 가지고 가위바위보를 이긴 사람이 인터뷰하는 방식입니다. 가위바위보를 진 사람은 '사람을 살리는 인터뷰 게임' 질문지를 사용하여 3분 동안 인터뷰합니다.

③ 인터뷰한 내용을 가지고 전체 혹은 소그룹으로 소개하는 시간에 자신의 파트너를 소개합니다. 한 사람당 소개 시간은 1분 정도가 적당합니다. (1분 동안 파트너를 소개하려면 자기 파트너의 이야기를 잘 경청해야 하고 그 과정에서 긍정적인 에너지가 만들어집니다.)

슈퍼스타 ○○○을 만나다!

① 이름은? 이메일 주소는?

② 전공과 핵심 업무는?

③ 현재 살고 있는 곳과 가족은?

④ 가장 기억에 남는 여행지는? (그 이유는?)

⑤ 내 성격에 잘 어울리는 자동차는?

⑥ 지금까지 이룬 큰 성취는?

사람을 살리는 인터뷰 게임

① 이름과 주요 관심사는?

② 멘토나 리더 중 닮고 싶은 분은?

③ 남들이 말하는 자신의 장점은?

④ 남들이 모르는 자신의 장점은?

⑤ 최근의 굿뉴스 하나는?

⑥ 나에게 가장 큰 영향을 준 사람은?

토의사항

① 인터뷰 게임을 하며 잠깐 이야기를 나눈 파트너에 대해 얼마나 잘 안다는 느낌이 들었나요?

② 파트너와 6분 동안 나눈 대화가 즐거웠습니까?

③ 당신의 친한 동료 중 서로에 대해 이만큼 아는 사람이 얼마나 있습니까?

④ 당신의 친구나 오랜 직장동료 중에 오늘 당신의 파트너보다 잘 모르는 사람이 있다면 그 이유는 무엇일까요?

⑤ 친한 동료와 서로를 알아가는 대화를 10분도 갖지 않는 사람이 많은 이유는 무엇일까요?

① 한 번에 다 소개할 수도 있고, 모임 중간중간에 한 팀씩 소개하며 아이스브레이크를 할 수도 있습니다. 이 프로그램은 자기소개를 자신이 하지 않고 인터뷰한 파트너가 한다는 데 그 묘미가 있습니다. 이 게임의 강점은 짧은 시간에 파트너와 모임의 분위기를 즉시 상호교류로 전환하는 것입니다.

② 참가자들의 자부심을 살펴볼 수 있는 게임입니다. 자신의 이름, 살고 있는 동네, 자신이 현재까지 이루어온 성취와 지나온 추억과 여행에 대해 어떤 태도를 가지고 있는지 알아갈 수 있습니다.

③ 인터뷰 문항 수와 내용은 진행자의 의도와 모임의 성격에 따라 적절히 바꾸어 활용할 수 있습니다. 문항은 강의시간에 따라 3개부터 숙박 프로그램의 경우 6개 정도까지 활용할 수 있습니다.

④ 선택된 6개 문항의 인터뷰 내용은 모임의 성격에 따라 수정이 가능하며, 자세히 설명하지 않으면 한 사람이 독점하여 모든 시간을 쓰는 결과가 나올 수 있습니다. 그러므로 각 사람이 쓸 수 있는 시간이 몇 분이고 서로를 알아가는 인터뷰 게임이라는 것을 강조하고 일방적인 취조식 대화가 되지 않도록 잘 진행하면 마음을 활짝 여는 멋진 오프닝 아이스브레이크가 될 수 있습니다.

⑤ '슈퍼스타 ○○○을 만나다' 질문지는 학습자를 처음 만나는 학기 초에 서로를 알아가며 친밀감을 형성하는 doing 기반의

자기소개로 활용하면 좋습니다. 하는 일이 무엇이고 소속과 포지션은 무엇인지, 자격과 경력에 대한 doing 방식 인터뷰입니다.

⑥ 거기에 반해 '사람을 살리는 인터뷰 게임'은 친밀감을 넘어 신뢰관계를 만들어가는 being 기반의 질문지입니다. 처음 만나자마자 이런 질문을 던진다면 대답하기 어렵고 생각을 많이 해야 하지요. 그래서 이 인터뷰 게임은 학기 중간이나 수업이 어느 정도 진행되어 기본 라포르가 형성된 후 진행하여 신뢰감을 만들어가면 좋습니다. 그 사람의 가치와 비전이 무엇인지 독특한 삶의 경험과 역사를 이해하고, 강점이 무엇인지 소중하게 생각하는 것이 무엇인지에 대해 더 넓고 깊게 이야기할 수 있는 자기소개 방식으로 활용해봅시다.

다음은 인터뷰 게임의 내용으로 활용할 수 있는 질문의 예시입니다.

① 가장 많이 불린 별명과 그 이유는?
② 좋아하는 동물과 그 이유는?
③ 좋아하는 자동차와 그 이유는?
④ 인상 깊었던 여행지와 그 이유는?
⑤ 세상을 떠난 인물 중에 가장 만나보고 싶은 사람은?
⑥ 놓칠 수 없는 나의 꿈 제1호는?
⑦ 최고로 꼽는 명언 한마디는?
⑧ 현재 직업과 자신이 꿈꾸는 직업은?

⑨ 출판된 책 중에서 자신이 저자이고 싶은 책은?

⑩ 지금 당장 꼭 사고 싶은 물건 세 가지는?

⑪ 꼭 되어보고 싶은 존재는?

또 어떤 질문이 가능할까요? 진행자는 인터뷰 게임에 참여할 대상과 소속된 학교나 공동체의 가치, 문화, 목표에 따라 인터뷰 질문에 의식적, 의도적, 의무적 질문을 추가하여 맞춤형 인터뷰 질문지를 다양하게 만들어 사용할 수 있습니다.

9 교육 실재감을 높이는 비대면 수업 인터뷰 게임

오프라인이든 온라인이든 좋은 강의와 수업은 '좋은 관계'에서 출발합니다. 심지어 코로나19 팬데믹 시기에 이루어진 온라인 수업의 경우에도 관계 형성 없이 파워포인트만 띄워놓고 단순히 강의만 한다면 유튜브나 인터넷 강의를 보는 것이 더 효과적일 수 있습니다. 교수자와 학습자 간, 학습자와 학습자 간의 긍정적인 관계는 교수자가 어떻게 수업을 만들어갈 것인가, 즉 학습자의 실재감에 대한 인식에서 출발합니다. 학습자의 감정과 상황을 읽고 자신의 이야기를 할 수 있는 시간을 주는 것에서부터 교육 실재감이 높아지기 시작합니다.

학습 대상과 환경에 따라 비대면 수업이어도 학습자의 참여를 높이고 교육실재감을 높일 수 있는 인터뷰 질문을 개발할 수 있습니다. 온라인 수업이라면 혼자 있는 시간이 많은 학습자가 마음 상태나 오래 시간을 보내는 자기만의 공간 등 자신과 관련된 질문을 받아 대답하며 실재감(직면, 참여)을 느낄 수 있다면 좋겠지요. 참여 인원이 적은 소그룹이라면 이런 질문으로 바로 진행할 수 있지만, 인원이 20명이 넘는다면 그룹을 3~4개로 나누어 소회의실을 만들고 스몰토크를 5분 정도 하며 상호작용을 하도록 해야 합니다.

① 지금 강의를 듣고 있는 장소는?

② 지금 컨디션을 10점 척도로 했을 때 점수는?

③ 지금 주위에 있는 물건 중 개인적으로 가장 소중한 하나는?

④ 지금 강의(수업) 중인 슬라이드에 학습 내용과 어울리는 자신의 이미지나 사진을 하나 넣는다면 넣고 싶은 이미지는?

⑤ 지금 이 시간에 가장 알고 싶은 것은?

- 비대면 수업에서 학생들의 참여와 집중을 높이는 방법

- 비대면 강의에서 공감과 소통 능력을 향상하는 방법

- 비대면 수업에서 플랫폼(줌, 웹엑스, 구글) 기능을 효과적으로 활용하는 방법

- 비대면 공간에서 소통과 강의를 효과적으로 하는 방법

- 비대면 수업에서 교육이 제대로 이루어지고 있는지 확인하는 방법

학교 강의실에서 하는 수업이 아닌 온라인 실시간 수업에서는 수업 참가자가 있는 장소를 물어보는 것만으로도 다양한 장소에 대한 이야기를 나눌 수 있고, 현재 자신의 컨디션과 마음 상태를 점수화하여 자기 이야기를 할 수 있습니다. 즉 부담 없는 스몰토크 시간이 될 수 있습니다. 어떤 질문을 더 만들 수 있을까요?

10 완성충동을 활용한 문장 읽기식 라포르 형성 인터뷰

개요 주어진 10개의 인터뷰 문장을 읽는 학습자가 과거와 현재, 미래를 오가며 빈칸을 채우고 셀프 인터랙션을 하는 매우 조용하고 정적인 셀프 인터뷰 아이스브레이킹 활동입니다.

프로그램에 따라 '나는 ○○○이다'라는 형식으로 문장을 10개 쓴 뒤 '나는 누구입니다', '나는 뭐 하는 사람입니다' 등을 발표합니다. 문제는 자기소개를 하는 문장을 10개 만드는 것이 쉽지 않다는 것이지요. 3~4개 정도 쓰고 나면 '뭘 써야 하지?' '어떻게 써야 잘 썼다고 나를 자신 있게 소개할 수 있을까?' 하는 생각에 잠겨 진도를 나가기가 쉽지 않습니다. 라포르 형성 및 상호작용을 위한 셀프 인터뷰 게임으로 10개의 문장을 제시하고 빈 괄호를 만들어놓으면 그 빈칸을 채우고 싶은 완성충동이 생기면서 1분 안에 그 여백을 채울 수 있습니다.

자, 그럼 시작해볼까요?

셀프 인터뷰 & 라포르 형성

① 나는 (   )에서 근무하는 (   )이다.

② 나는 어제 저녁 9시에 (   )에서 (   )을 하고 있었다.

③ 사람들은 나를 (   )이란 사람으로 알고 있다.

④ 나의 보물 1호는 (   )이다.

⑤ 나의 정년 후 꿈은 (   )을 하는 것이다.

⑥ 나의 취미는 (   )이다.

⑦ 내가 열 살 때 살던 곳은 (   )이다.

⑧ 어릴 적 내 별명은 (   )이었다.

⑨ 지금 나의 가장 중요한 목표는 (   )이다.

⑩ 내가 우리 테이블에서 도움이 될 수 있는 것은 (   )이다.

진행 방법 시간을 1분 정도 주면서 빈칸을 채우게 합니다. 테이블별로 빈칸을 다 채웠는지 확인하고 이 아이스브레이킹 활동을 시작해보세요.

누가 먼저 10개의 문장을 읽으면서 시작할까요? 리더나 사교적인 사람이 하는 것보다는 먼저 시작하는 사람을 테이블별로 다양하게 정해보는 것도 좋겠지요. '머리카락이 가장 짧은 분부터 오른쪽으로 돌아가며 읽겠습니다', '액세서리가 가장 많은 분부터 읽으시면 됩니다', '가장 멀리서 오신 분부터 읽으시면 됩니다' 등 아주 짧은 순간에 서로를 쳐다보며 웃으면서 시작할 수 있습니다.

예를 들어 테이블별로 생일이 가장 빠른 사람부터 10개의 문장을 읽으면 됩니다. 한 사람이 자기가 완성한 문장 10개를 다 읽고 난 뒤 오른쪽으로 돌아가면서 참여합니다. 재미있는 것은 이렇게 사람들이 자기가 완성한 문장을 10개씩 읽어나가는 중에 서로에 대한 이해와 관심이 생기면서 분위기가 밝아진다는 점입니다.

진행자는 참여자들에게 다음의 한 가지만 요청하면 됩니다. 문장을 읽고 설명하거나 또 다음 문장을 읽고 부가 설명을 하면 시간이 너무 많이 소요되므로 자기가 완성한 문장 10개를 읽는 것으로 라포르 인터뷰가 완성된다고 설명합니다. 이 셀프 인터뷰를 시작해보세요. 완성된 자기 문장을 읽는 것만으로도 서로를 이해하게 되고 응원의 박수를 보내며 웃음이 이어지는 경험을 하게 될 것입니다.

11 라포르를 만드는 기술 세 가지로 아이스브레이킹을 하라!

관계를 형성하려면 라포르를 우선 만들어야 합니다. 마음이 통할 때 사람들은 서로 신뢰하고 사랑에 빠진다고 합니다. 라포르는 상담이나 강의에서 자주 쓰는 말이지만 처음 들어보는 사람도 많을 것입니다. 라포르는 다양한 모임이나 사람 사이에서 활용되는 관계 형성의 기술입니다. 라포르란 원래 프랑스어로 '다리를 놓는다'는 의미이고, 인간관계에서 서로 공통점이 있다는 느낌이 들게 하는 능력을 말합니다. 라포르는 상호 신뢰와 정서적 유대감이 형성된 분위기에서 긍정적인 파트너십과 상호 존중의 팀워크를 형성합니다.

마이크 아길레라는 "라포르는 관계를 결정짓는 태도의 모든 것"이라고 정의합니다. 필자의 책에서 라포르는 교육과 수업에서 친밀감 형성을 위한 라포르와 신뢰관계 구축을 위한 라포르를 의미합니다. 교육에서 상호작용이 중요한데 라포르 형성의 기술은 서로의 생각과 마음을 열게 하는 힘이 있습니다. 라포르는 처음 만난 상대에게 가지는 경계심과 거부감을 크게 낮춰줍니다.

동기부여 전문가인 토니 로빈스는 "라포르는 당신이 상대방의 세계에 들어가 그를 이해하고 강력한 유대감을 느끼게 만드는 능력이다"라고 말합니다. 상대방과 연결되는 친밀감을 넘어 신뢰감까지 구축할 수 있는 라포르 기술을 교수자와 학습자의 관계, 의사와 환자의 관계, 상담자와 내담자의 관계, 리더와 팔로워의 관계, 일터에서 동료와의 관계, 더 나아가서 부모와 자녀의 관계 등 수많은 인간관계에서 사용하는데, 이는 사람을 이끄는 리더십의 중요한 요소입니다.

상대방에게서 호감을 얻고 친밀감을 형성하기 위한 라포르의 기본 기술에는 다음과 같은 것이 있습니다.

① 상대의 행동을 무의식적으로 따라 하는 미러링 게임이 있습니다. 미러링의 기본은 거울을 보듯이 상대의 얼굴을 쳐다보면서 비슷한 표정을 지으며 고개를 끄덕이는 것입니다.

② 상대의 핵심적인 말을 찾아내어 그대로 되돌려주는 경청의 기술, 백트래킹이 있습니다. 백트래킹은 말 그대로 왔던 길을 되짚어간다는 의미로 상대방의 말을 들은 그대로 되돌려주는 것입니다. 백트래킹을 자연스럽게 할 수 있는 기본 활동은 '~구나' 게임입니다. "선생님, 시험 결과 때문에 마음이 너무 속상해요"라고 하면 "아, 많이 속상하고 힘들겠구나"라고 대답하면서 자연스럽게 '~구나' 게임으로 대화합니다. '아, 그래서 화가

많이 났구나', '많이 피곤하겠구나', '배가 많이 고프구나' 하면서 상대가 한 이야기를 잘 듣고 '~구나' 게임으로 되돌려주는 것입니다.

③ 상대방과 보조를 맞추는 페이싱만 잘 활용해도 기본적인 라포르 형성 아이스브레이킹이 가능합니다. 자연스럽게 어울리는 기술은 기본적으로 속도 조절을 의미합니다. 아이 콘택트부터 시작해서 상대방 말의 속도에 맞춰 내용 전개 속도까지 맞추는 것입니다.

라포르는 타인과의 관계에서만 생각하기 쉽지만, 먼저 자신과의 라포르도 중요합니다! 거울을 보고 자신에게 웃어주면서 하루를 시작해보세요. 자기암시를 하듯 사진 속, 거울 속 자신을 보며 이야기해주는 것도 좋습니다.

12 우리 함께 공통점과 차이점을 찾아보아요

개요 이 게임도 역시 전체가 참여하여 만나는 사람들과 많은 질문을 하면서 서로를 알아가는 아이스브레이크 게임입니다. 먼저 이름을 물어보고 적은 뒤에 서로의 공통점과 차이점이 무엇인지 물어보고 준비된 첨부자료에 공통점과 차이점을 기록하는 활동입니다.

목적 첫 모임에서, 신입생 환영회에서, 다양한 워크숍에서 참가자 전체가 서로 교류하며 더 깊이 알아갈 수 있습니다.

시간 3~6분

준비물 참가자 매뉴얼에 첨부된 자료

진행 방법

① 준비된 첨부자료를 배부한 후, 옆에 앉아 있는 파트너부터 대화를 하며 알아갑니다.

② 만나면 먼저 악수나 눈인사를 하며 이름을 적고, "우리 두 사람의 공통점으로 무엇이 있을까요?"라고 말하면서 대화를 시작합니다. 눈에 보이는 것, 보이지 않는 것을 물어보며 공통점을 알아갑니다.

③ 다시 서로 다른 것이 무엇이 있는지 물어봅니다. 서로를 알아가는 아이스브레이크 게임이 분위기를 만들어준다면, 이 게임은 많은 질문을 통해 자기 이야기를 하면서 만나는 파트너의 이야기를 들어주고 계속 공통점과 차이점을 찾아냅니다. 하지만 쉽지만은 않은 게임입니다.

④ 게임을 종료한 후, 웃음이 끊이지 않았던 몇몇 참가자의 활동 내용을 서로 공유하는 시간을 갖는 것도 즐거운 아이스브레이킹이 될 수 있습니다.

⑤ 첨부자료

번호	이름	공통점	차이점
1			
2			
3			
4			

5			
6			
7			
8			
9			

'우리 함께 찾아보아요' 활동으로 학습 참가자들은 대화를 하며 함께 많은 것을 알아가게 됩니다. 혈액형, MBTI, 고향, 전공, 좋아하는 음식, 좋아하는 스포츠, 살고 있는 주택의 형태까지(몇 층에 사는지 등) 시시콜콜한 이야기가 오갈 수 있습니다.

질문이 점점 서로를 알아가는 깊은 내용으로 바뀌어갑니다. 자녀는 몇 명인지, 부모님을 모시고 사는지, 어떤 여행 경험이 있는지, 꿈은 무엇인지, 아파서 수술한 적이 있는지, 책을 출판한 경험이 있는지 등 정량적인 것을 넘어 정성적인 내용으로 서로를 더 알아가는 시간이 될 것입니다.

'우리 함께 찾아보아요' 활동은 참가자들에게서 전혀 생각하지 못했던 이야기를 나오게 만들어 재미와 지식, 정보, 에너지를 얻을 수 있는 아이스브레이킹 활동입니다. 단, 누구나 다 아는 뻔한 것들은 공통점으로 인정하지 않는 게 좋습니다. 예를 들면 성별, 안경, 직장 같은 공통점입니다. 또한 한 번 사용한 공통점은 다른 파트너를 만났을 때 다시 물어볼 수 없습니다. 예를 들면 처음 파트너에게 혈액형을 물어보고 공통점으로 적은 후, 다른 파트너를 만나도 "혈액형이?", "혈액형이 뭐예요?"라며 계속 혈액형만 물어보는 사람들도 있습니다. 한 번 사용된 공통점 질문은 다른 파트너에게 사용할 수 없기에 또 다른 공통점을 찾게 합니다.

에드거 데일의 원뿔 학습 모형은 우리에게 가장 좋은 교수-학습 방법에 대한 통찰력을 줍니다. 가장 좋은 교수-학습 방법은 다음의 그림에서 보듯이 실제로 연습해보고 체험해보는 경험학습일 것입니다. 배운 것을 며칠이 지나 다시 보면 기억나는 내용이 그리 많지 않다는 것을 우리는 압니다.

당장 활용해보고 가르쳐보는 것만큼 좋은 것은 없지요. 학습의 원뿔을 바라보면서 다양한 복습활동을 계획해봅시다. 본격적인 수업이 이루어지기 전에 쓰이는 아이스브레이킹은 학습자 중심의 참여식 활동으로 진행되기에 재미있고 참가자들의 주의집중력 향상에 좋습니다.

아이스브레이킹처럼 학습이 서론, 본론, 결론으로 진행될 수는 없을까요? 청킹chunking을 통해서 학습 참가자들의 반복학습으로 수업이 전달되면 충분히 가능합니다.

우리는 이렇게 배우고 기억한다!

교수자 설명 중심		
5%	Hear	
10%	Read	
20%	**See**	
30%	See with Sound	

학습자 참여 중심		
50%	**Speak & Write**	
70%	Practice **Doing**	
90%	**Teach others**	

그런데도 제도권 학교교육은 교수자의 역할과 학기 내 진도 일정 때문에 읽고(10퍼센트), 보고(20퍼센트), 보고 듣는 것(30퍼센트)으로 이루어집니다. 에드거 데일 박사의 학습 원뿔에 따르면 효과가 적은 학습 방법인데도 말입니다. 사교육시장인 학원 대부분도 예외는 아닐 것입니다. 그저 선행과 전달이라는 교수자 역할만 할 뿐 학습자의 학습능력 향상이나 기억능력의 효율성 향상, 더 나아가서 학습실용능력 증진 등의 역할을 하지는 않습니다.

코로나19로 인해 예기치 못하게 시행된 온라인 수업은 어떨까요? 우리가 경험한 것 그대로입니다. 수업 대부분이 일방적인 푸시러닝push learning이었습니다. 소통과 질문이 있는 상호작용은 더욱 어려워졌습니다. 학습자들의 감정(정서) 읽기는 거의 불가능해졌습니

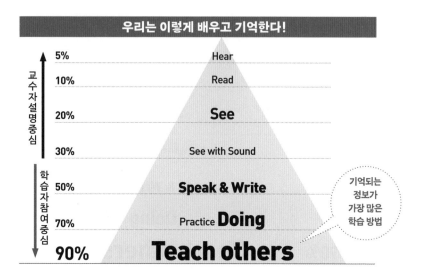

우리는 이렇게 배우고 기억한다!

교수자설명중심
5% Hear
10% Read
20% See
30% See with Sound

학습자참여중심
50% **Speak & Write**
70% Practice **Doing**
90% **Teach others**

기억되는 정보가 가장 많은 학습 방법

다. 마스크로 얼굴을 가리고 딴짓을 할 수 있는 환경이 되었습니다.

방금 배웠는데 자기 언어로 표현하지 못한다면 아인슈타인의 말처럼 "말로 할 수 없는 것은 모르는 거다"라는 의미입니다. 학습자를 말하게 하는 것이 가장 효과적인 학습입니다. 배웠으면 다른 동료들과 토의하면서 다시 정리한 것을 이야기하는 시간을 가져야 합니다. 강의나 수업을 진행하는 중에도 모든 학습자를 참여시킬 수있는 교수-학습 방법 중 하나가 바로 하브루타 교수-학습 전략입니다. 질문과 경청, 상호 피드백으로 학습한 내용을 반복할 수 있는 기본적인 학습 촉진 기술입니다.

옆에 앉은 동료와 짝을 짓거나 전체가 자리에서 일어나 다른 사람을 찾아다니며 자기가 학습한 내용을 적극적으로 가르치고 상대방은 그것을 배우는 참여 학습과 학습 공유가 일어나게 합니다. 배운 것을 말하고 핵심 내용을 정리하고 토의 및 토론을 하는 능동적인 학습 양식을 활용하고 또 배운 것을 바로 다른 학습자와 공유하는 동료 교수-학습 방법입니다. 즉 다시 배우며 기억능력을 높여주는 것입니다. 그런데도 여전히 우리는 일방적으로 전달하고 강의하며 많은 것을 가르친 것으로 책임을 다하고 있습니다. 학습능력 효과나 기억능력 향상과는 상관없이 말입니다.

어떤 교수-학습 방법을 선택할 것인가요? 교수자가 자신의 러닝 퍼실리테이션 방식을 확실하게 하는 것이 중요합니다. 파워포인트를 활용한 짜깁기식의 강의 운영으로는 파워도 없고 포인트도 없이 내용만 많이 넣을 뿐입니다. 어떤 가르침을 선택하든 자기만의 교육에 대한 철학과 러닝 퍼실리테이션 방식이 있어야 합니다. 언제, 어떻게 이 학습의 원뿔을 효율적으로 활용할 것인가는 교수자가 생각해야 할 과제입니다.

우리의 업무 현장은 새로운 학습의 장으로 거듭나고 있고, 인터넷이 연결된 업무 현장은 수많은 콘텐츠를 검색하고 탐구할 수 있는 거대한 도서관으로 변모하고 있습니다. 동료와 함께 하는 유튜브 강의와 네트워크는 새로운 교수-학습의 장이 되고 있습니다. 학습의 넓이와 깊이, 속도가 바뀌고 있는 것이지요. 책에 다 있고 검색만 하면 더 잘 정리되어 있는 내용을 언제까지 일방적으로 가르칠 것인가요? 이제는 질문만 하면 즉답해주는 시대가 되었습니다. 검색해서 뒤지고 돌아다니던 시기를 지나 생성형 AI가 추가로 더 많이 물어보면서 내 질문의 맥락을 파악하여 온갖 지식과 정보를 제공해주는 것으로 대체되고 있습니다. 어떻게 학습자가 더 잘 배울 수 있을지, 학습자의 기억능력과 활용능력을 높여줄 수 있을지를 고민해야 하는 때입니다.

14 조해리의 창을 활짝 열어라!

　일명 조해리의 창Johari Window이라고 불리는 2×2 매트릭스는 개인과 팀이 자기 자신과 타인의 이해를 촉진하는 데 크게 도움이 되는 아이스브레이크 활동입니다. 나도 알고 다른 사람도 아는 공개된 영역이 더 개방될수록 서로를 더 이해하고 효과적인 상호 교류를 할 수 있기 때문입니다. 조해리의 창 프레임워크는 성공적인 인간관계를 만들어가는 모든 현장에서 활용되고 있습니다. 강의와 수업, 상담, 교육, 코칭, 세일즈 등에서도 쓰이는데, 학습자의 이해를 돕고 고객 이해관계의 역동성을 만들어가기 위해 구체적으로 적용하여 자기 자신을 보게 하는 도구입니다.

　조해리의 창은 캘리포니아 대학교의 심리학자인 조셉 루프트Joseph Luft와 해리 잉햄Harry Ingham이라는 두 심리학자의 첫 이름을 합성하여 만든 4개의 창문 이론입니다. 1955년에 처음 발표된 이후 수많은 교육과 자기 이해 프로그램에서 관심을 끌며 사용되었고,

개인과 팀 이해를 돕는 데 효과적입니다. (근 70년이 다 되어가는 이론입니다.)

	자신이 아는 부분 Known to Self	자신이 모르는 부분 Unknown to Self
다른 사람이 아는 부분 Known to Others	열린 창 Open	눈먼 창 Blind
다른 사람이 모르는 부분 Unknown to Others	숨겨진 창 Hidden	미지의 창 Black box

　조해리의 창은 자기 자신을 두 가지 관점으로 보는 것으로 사고와 관계를 발전시켜 나갑니다.

나는 나 자신을 얼마나 아는가?
나를 잘 안다 vs 나를 잘 모른다

다른 사람은 나를 얼마나 잘 아는가?
다른 사람은 나를 잘 안다 vs 다른 사람은 나를 잘 모른다

　우리는 사회 활동을 통해 자신을 드러내며 다른 사람을 알아갑니다. 만남과 대화를 통해 내 생각, 행동, 말투, 버릇, 성향을 알게 되며, 첫인상을 형성하기도 하고 피드백으로 효과적인 상호작용을 하면서 서로를 더 이해하기도 합니다. 이것은 수업이나 모임에서 처음 만나 서로를 알아가는 아이스브레이킹의 한 방법으로 효과적으로 활용할 수 있습니다. 조해리의 창은 다음에 제시하는 형용사 64개를 이용하여 재미있는 방법으로 운영됩니다. 먼저 어떤 사람을

표현할 때 사용되는 형용사를 떠올려봅시다. 잠깐만 생각해봐도 많은 단어가 떠오를 것입니다. 사랑스러운, 감정적인, 어리석은, 지혜로운, 솔직한, 예민한, 활동적인, 친절한 등등.

먼저, 아래 형용사 64개 중에 자신을 가장 잘 표현한다고 생각하는 단어 6개를 선택해볼까요? 여기에 선택한 단어 6개를 표시해보세요.

재능 있는 able	솔직한 accepting	융통성 있는 adaptable	대담한 bold	차분한 calm	배려하는 caring	발랄한 cheerful	영리한 clever
까다로운 complex	자신감 있는 confident	의지할 만한 dependable	품위 있는 dignified	활동적인 energetic	외향적인 extrovert	친근한 friendly	행복한 happy
도움이 되는 helpful	이상적인 idealistic	독립적인 independent	독창적인 ingenious	똑똑한 intelligent	내향적인 introvert	친절한 kind	유식한 kowledgeable
논리적인 logical	사랑스러운 loving	단정하고 멋진 smart	겸손한 modest	예민한 nervous	주의 깊은 observant	낙관적인 optimistic	체계적인 organized
참을성 있는 patient	자랑스러운 proud	공격적인 aggressive	사색적인 reflective	느긋한 relaxed	살피는 searching	실용적인 sensible	감상적인 sentimental
자기 주장이 강한 self-assertive	자의식이 강한 self-conscious	수줍어하는 shy	어리석은 silly	성숙한 mature	자발적인 spontaneous	동정심 있는 sympathetic	긴장한 tense

신뢰할 수 있는 trustworthy	즉각 반응하는 responsive	따뜻한 warm	신앙심 깊은 religious	강력한 powerful	충실한 faithful	한결같은 consistent	지혜로운 wise
수다스러운 talkative	우유부단한 indecisive	협력적인 cooperative	정확한 exact	열정적인 passionate	정직한 honest	충동적인 impulsive	공감하는 empathetic

다음으로, 나를 매우 잘 안다고 생각하는 사람(가족, 친구, 동료 등)들에게 나를 가장 잘 표현한 단어 6개를 고르라고 해볼까요? 여기에 그 단어 6개를 기록해보세요. 실제로 3~5명 정도의 사람에게 이 빙고 용지를 나누어주고 단어 6개를 골라달라고 부탁합니다.

내가 선택한 단어 6개와 다른 사람이 고른 단어 6개는 몇 개나 일치할까요?

형용사 64개 중 내가 선택한 6개와 남이 고른 6개는 모두 일치하지 않을 가능성이 높습니다. 만약 일치하는 단어가 있다면 그것은 '열린open 나의 창'에 해당합니다. 조해리의 창에서 가장 중요한 목표인 공개된 자아를 위해 용기 있게 자기 개방을 한다면 일치하는 단어가 많을 것입니다. 내가 선택한 단어를 다른 사람이 고르지 않았다면 그 단어는 '숨겨진hidden 창'에 기록합니다. 만약에 내가 선택하지 않은 단어를 다른 사람이 골랐다면 '눈먼blind 나의 창'에 기록합니다. 나머지 선택되지 않은 단어는 나도 모르고 다른 사람도 모르므로 '미지의unknown=black box 나의 창'에 기록해보세요.

공감대가 형성되면 '숨겨진 나의 창'과 '눈먼 나의 창'은 작아지고, '열린 나의 창'은 확대됩니다. 다른 사람에게 나에 대한 정보도 많이 알려주게 되고, 다른 사람에게서 듣는 나의 정보도 잘 받아들이게 되겠지요. 이른바 '자기 노출self-disclosure'과 '피드백 수용'을 하면 자연스럽게 '열린 나'라는 영역이 넓어지게 됩니다. 반대로 자기를 잘 드러내지 않고 다른 사람에게서 듣는 나의 정보를 받아들이지 않으면 '열린 나의 창'은 점점 작아집니다. 일반적으로 '열린 나의 창'이 커질수록 소통도 잘되고, 대인 관계도 좋아질 수 있습니다.

	자신이 아는 부분	자신이 모르는 부분
다른 사람이 아는 부분	**열린 창**	**눈먼 창** 피드백, 성찰
다른 사람이 모르는 부분	**숨겨진 창** 자기 개방, 용기	**미지의 창**

조해리의 창 4개의 크기는 상황에 따라 변합니다. 자기 개방은 심리적으로 충분히 안전하다고 느낄 때 이루어지고 그때 자신의 생각과 의견을 나누며 다른 사람의 의견을 듣는 진정한 대화가 가능해집니다. 인간관계에서 자신을 개방하는 일에 확신이 들 때까지 기다리는 것도 필요하지만, 때에 따라서는 스스로 용기 있게 자신을 드러내고 공유하는 것도 중요합니다.

이렇게 조해리 창을 활짝 열게 하는 가장 좋은 방법 중 하나가 오프닝 아이스브레이킹 활동입니다. 아이스브레이킹 수준을 넘어, 학습자와 학습자가 동료로서 서로 알아가고 친밀감을 형성하며 신뢰감까지 형성할 수 있는 활동이 필요합니다.

조해리의 창에서 중요한 요소 중 하나가 피드백과 성찰입니다. 일이나 의견에 대한 피드백이 아니라 그 사람에 대한 감정을 가지고 피드백을 하면 안전하지 않다는 분위기가 형성되어 자기 방어적으로 될 수 있습니다. 어떻게 피드백을 하는 것이 좋을지 그 방법에 대해서도 솔직하게 서로 의논하는 것이 좋습니다.

팀워크와 팀빌딩을 위한
아이스브레이크 활동 네 가지

"교육의 질은 교수자의 질을 뛰어넘을 수 없다!"라는 말을 함께 떠올리면서 다음 단어를 완성해보세요. 강의를 평생 해야 하는 교수자(강사)라면 대면 혹은 비대면 수업에서 반드시 정리하고 정복해야 할 연구 주제입니다. 다음 단어는 무엇일까요?

ㅅㅎㅈㅇ, ㅅㅈㄱ, ㄸ ㅈ, ㅎㅅㅈ ㅈㅅ, ㅈㅈㅎ ㅈㅁ,

ㅇㄹㅇ ㅎㄷ ㄱㅂ, ㅍㄷㅂ, ㄷ ㄱ

이젠 교수학습센터의 담당자가 교수법 강의를 요청할 때 구체적으로 학습자 중심 수업(강의)으로 진행해주기를 원합니다. 위대한 이론이나 막연한 원칙을 일방적으로 전달하는 교수법을 원하지 않는 것입니다. 라포르 형성을 통해서 학습자들이 안전하다는 소속감을 가져야 딴짓, 딴생각에 빠지지 않고 강의에 참여합니다. 또한 학습 실재감을 가지고 교수자와 학습자 간의 상호작용을 넘어 학습자 간에도 상호작용을 적극적으로 하게 됩니다. 이때 적절한 질문과 피드백이 학습을 촉진합니다. 이는 비대면 강의에서도 필요한 요소입니다. 온라인 활동 개발은 코로나19 팬데믹 이후 많은 교수자에게 새로운 과제로 떠올랐습니다. 교수자는 대면뿐 아니라 비대면 학습에 적극적으로 참여하게 하는 학습 도구 개발도 고려해야 합니다.

참가자의 완성충동을 활용한 또 다른 질문 방식은 빈 괄호를 채우게 하는 것입니다. 이런 문제를 통해 교수자가 원하는 방향으로 학습자가 주의 집중을 하도록 만듭니다. 스팟 형식의 문제 하나를 가지고 바로 반응을 끌어내는 것도 좋지만, 과제 4~5개를 팀 구성원에게 주어 역할 분담을 통해 짧은 시간 안에 문제를 해결하게 하는 것도 좋습니다. 이러한 문제 해결 과정에서 팀워크와 팀빌딩을 경험할 수 있으며 강의에 집중할 수도 있겠지요.

다음 빈 공간에 어떤 알파벳이 들어갈까요?

P R ☐ D

이 질문을 보는 순간 학습자는 답을 맞혀야 직성이 풀리는 완성충동이 일어납니다.

'뭐지? I인가? A인가? 아, O인가 보다.' 학습자는 짧은 시간 안에 빈 공간을 채우기 위해 집중력이 생기고 문제 해결 과정에도 참여하게 됩니다.

여러분은 어떤 스펠링이 떠오르나요? 생각해보시고 빈칸을 채워보세요.

"아, N! 이거 혹시 자동차 자동변속기 아닌가요?" 여기저기에서 동시에 "아하!" 하는 소리가 터져 나옵니다.

자, 여기에 빈칸을 채워야 하는 또 다른 문제가 있습니다. 빈 공간 3개에 들어가야 할 스펠링은 무엇일까요? 조금만 생각해보면 부분과 전체의 조합 속에서 바로 이미지가 떠오를 것입니다.

팀 활동으로 이 아이스브레이크 과제를 풀다 보면 한 사람의 아이디어로 팀 전체의 문제가 해결되면서 팀 분위기가 좋아질 수 있습니다. 부분을 보는 사람과 전체를 보는 사람이 있습니다. 이때 누군가가 외칩니다. "아, 알았다! 이거 컴퓨터 자판이잖아." 이 말에 다른 동료도 문제가 해결되는 순간을 경험하며 팀워크가 깊어집니다. "아하!" 하는 경험을 하는 순간입니다. 친밀감을 넘어서 신뢰관계로 팀 빌딩이 이루어지는 아이스브레이킹의 순간이기도 합니다.

창조적인 서클 챌린지

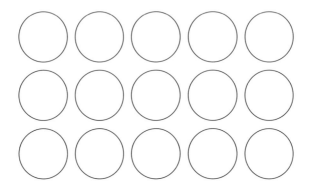

주어진 동그라미를 다른 물체로 바꿔보세요. 가장 먼저 어떤 모양이나 이미지가 생각나나요?

얼굴 이모티콘, 동전, 공 ball 외에 또 뭐가 떠오르나요? 처음부터 끝까지 동그라미 15개마다 성실하게 하나하나 그림을 그려나가는 사람, 시간이 좀 지나자 동그라미 2개를 연결하여 안경이나 눈사람을 그리고 3개를 연결하여 신호등을 그리는 사람, 동그라미 5개를 하나의 꼬치로 만드는 사람 등 다양한 생각을 하는 사람들이 나오면서 마음과 마음이 열립니다. 학습 대상에 따라 동그라미는 다양하게 변화되고 정답이 없는 현답들이 나옵니다.

질문과 퀴즈, 다양한 문제는 학습자를 짧은 시간 안에 학습에 집중하게 만듭니다. 따라서 유효기간이 지나지 않은 참신하고 재미있는 아이스브레이크 활동 방법을 개발해야 합니다.

16 건강한 분위기와 자신감을 주는 자부심 박수

기쁨, 환영, 찬성을 나타내거나 장단을 맞추려고 두 손뼉을 마주 치는 박수는 잘만 활용하면 에너지를 높이고 긍정 분위기를 만드는 아이스브레이킹 도구가 될 수 있습니다.

레크리에이션 박수 말고 강의에서 박수를 정말 효과적으로 사용 하신 분이 《주식회사 장성군》과 《감자탕 교회 이야기》라는 책을 쓰 신 양병무 박사님입니다. 강의 중 긍정 에너지, 학습자의 자부심과 자신감을 높여주는 아이스브레이킹으로 박수를 가장 잘 사용한다 고 생각합니다.

필자는 레크리에이션, 캠핑 특별 프로그램, 추적놀이, 캠프파이 어, 크리스천 캠핑 컨설팅 등 게임 활동에 대한 콘텐츠를 가지고 책 을 쓰고, 많은 프로그램을 만들어왔습니다. 콘텐츠에 대한 욕심으 로 레크리에이션 관련 책을 1,000권이 넘게 구입했고 '괜찮은 게임 하나만 걸려라' 하는 마음으로 책을 읽어가며 아이디어를 발견하려고 노력해왔습니다. 지금도 새로운 레크리에이션, 게임 활동 책이 눈에 띄면 구입하여 게임 기반 학습과 게이미피케이션으로 연결할 수 있는지 살펴봅니다. 지금도 강의 활동 대상만 바뀌었을 뿐 게임과 레크리에이션에 대한 관심과 새로운 콘텐츠 개발 욕구는 여전히 그대로입니다. 그런데 무의식중에 거부하는 콘텐츠가 바로 박수 게임입니다. 아마도 레크리에이션 활동의 기본이 다양한 박수 게임에서 시작되기 때문에 억지로 박수를 유도하는 것에 거부반응을 보이는 것 같습니다. (시간 끌기용이 아니라면 박수를 활용한 게임만큼 능동적인 활동을 찾기도 쉽지 않을 것입니다.)

그런데 리더십 강의 중에 만든 자부심self-esteem 박수를 교육청의 교사연수부터 미용실, 은행, 전자제품회사, 보험회사 등의 조회 시간까지 아이스브레이킹 활동으로 활용해왔습니다.

왜 자부심 박수라는 이름이 붙었을까요? 브라이언 트레이시의 성취심리 코칭리더십 3일 과정에서 "나는 내가 정말 좋다!"라는 긍정문을 강의 참가자들에게 게임처럼 외치게 했는데, 박수를 치면서 하면 의식적으로나 무의식적으로 효과가 있었습니다.

목표 박수와 웃음은 건강해지는 데 최고로 좋습니다. 먼저 순서대로 치는 계단 박수를 배워봅시다.

진행 주어진 여덟 글자를 외치며 박수를 칩니다. 아래 표에 * 표시를 한 곳에서 박수를 치면 됩니다.

```
┌─────────────────────────────────────┐
│  나*는*내*가*정*말*좋*다*              │
│  나는**내가**정말**좋다**             │
│  나는내가****정말좋다****             │
│  나는내가정말좋다********              │
└─────────────────────────────────────┘
```

강의 중 분위기를 전환하거나 짧은 시간 안에 주의를 끌기 위해
서 이 자부심 박수를 활용해보세요. 혼자 있을 때 박수를 치며 진행
해도 좋고, 소그룹에서 동료들과 함께 진행해도 좋습니다. 긍정적
인 내용을 행동과 함께 하면 강의 분위기가 밝아질 수 있습니다.

이 자부심 박수는 리더십 강의를 할 때(1997년 IMF 사태 이후 리더
십 프로그램이 전성기이던 시절부터) 브라이언 트레이시의 I like myself
나는내가좋다를 세미나 참석자들에게 활용하면서 만든 아이스브레이킹
입니다. 이 퍼포먼스로 모두 참여하게 되고 자부심이 생겼습니다.
참으로 오래된 아이스브레이킹 활동이기도 합니다.

한비야의《그건, 사랑이었네》라는 책의 첫 번째 챕터는 〈난 내가
마음에 들어〉입니다. 그는 '비야'라는 이름에는 한씨가 딱 맞는다
며 한비야라는 이름이 맘에 들고, 58년 개띠인 것이 맘에 들고, 딸
셋 중에 평범한 셋째 딸인 게 맘에 들고, 대한민국 사람인 게 맘에
들고, 긴급 재난구호 팀장인 게 맘에 들고… 자신의 모든 것이 맘에
든다고 자부심이 넘치는 이야기를 합니다. 만약 자기가 한씨가 아
니고 변씨나 나씨였다면 사람들이 자기 이름을 가지고 얼마나 놀렸
겠느냐며 독자에게 웃음을 줍니다. 한비야 씨가 말하는 '나는 내가

맘에 들어!'라는 구호를 가지고 자신의 자존감을 높이는 자부심 박
수를 쳐보세요. 또 파트너와 '나는 네가 맘에 들어!'라고 서로의 자
부심을 올려주는 박수를 치며 수업 분위기를 자연스럽게 만들어볼
수도 있습니다.

```
나 * 는 * 내 * 가 * 맘 * 에 * 들 * 어 *
나 는 * * 내 가 * * 맘 에 * * 들 어 * *
나 는 내 가 * * * * 맘 에 들 어 * * * *
나 는 내 가 맘 에 들 어 * * * * * * * *
```

내가 속한 조직이나 팀의 구호 또는 긍정적인 내용으로 자부심
박수를 만들어보세요. 점심시간 이후 오후 강의를 할 때 학습자가
졸려 하면 이 자부심 박수를 활용해보세요, 매우 효과적일 것입니
다. 처음에는 수동적으로 따라 하다가 "내가 정말 좋고, 내가 진짜
마음에 든다"라고 말하면서 박수를 치는 학습자들을 상상해보세요.
정말 '말이 씨가 된다!'라는 것을 경험할 수 있을 것입니다.

'내가 좋아하면, 뇌도 좋아한다'고 합니다. 교수자는 한 학기 수업
을 진행하면서 학습 참가자의 자부심, 자존감, 자신감을 높여주기
위해서 파괴적 비판이나 두려움을 주는 대신 학습자에게 행복이나
건강을 줘야 합니다.

동기유발학기를 시작한 건양대학교에서 2박 3일 일정의 리더십
과정을 강의할 때입니다. 학생들에게 동기부여를 하고 자부심에 대

해 설명한 후, 자부심을 높여주기 위해 자부심 박수로 아이스브레이킹을 했습니다. 학생들은 마음을 열었고 웃음으로 상호작용을 하다 보니 라포르가 형성되었습니다. "우리 점심 식사를 하러 가기 전에 '내가 마음에 드는 것과 내가 정말 좋은 이유' 20가지를 써볼까요?"라고 말하며 나의 자부심 리스트를 기록하게 하고 강의를 마무리했습니다. (처음에 2~3개는 쉽게 쓰기 시작하는데 점차 자신을 생각하며 정말 내가 좋은지, 내가 마음에 드는지를 고민하기 시작합니다.)

나의 자부심 리스트 20			
1		11	
2		12	
3		13	
4		14	
5		15	
6		16	
7		17	
8		18	
9		19	
10		20	

자부심 박수를 치고 난 뒤 학습자의 마음이 열렸을 때 학습자 자신에 대해 생각할 수 있는 시간을 주세요. 세상에서 내가 마음에 들고, 자기 자신이 정말 좋다고 말할 수 있는 사람이 얼마나 될까요?

저는 제가 만나는 학습자가 '나는 내가 마음에 들어', '난 내가 정말 좋아', '나는 나를 사랑해'라고 말하며 자부심과 자존감이 높은 리더가 되기를 기대하고 소망합니다.

내가 다니는 학교가 마음에 들지 않고, 내가 근무하는 일터의 누군가가 그냥 싫고, 내 외모와 키가 마음에 안 들고, 집에 가면 누구 때문에 짜증부터 납니다. 이생망을 외치며 지금 내 형편, 내 상황, 내 환경이 다 불만이고 힘겹습니다. 나의 외모부터 내가 속해 있는 조직, 환경, 동료, 가족까지 마음에 드는 것 20개를 적어보는 시간을 가지는 것도 의미가 있습니다. 아이스브레이킹 후의 활동이지만 자신을 성찰할 수 있는 시간이 된다면 이 또한 기쁘지 않을까요?

17 아이스브레이킹 이야기를 정리하면서

　아이스브레이킹이란 말 그대로 얼음 깨기, 마음을 열기 위해 긴 장감 해소하기, 서로 소통하기 위해 어색하고 어수선한 상황을 바꾸는 기술이라고 할 수 있습니다. 아이스브레이크에는 재미있는 오리엔테이션이나 인터뷰 게임을 통해 자기소개 하기, 학습 참가에 대한 기대와 자신의 역할 나누기 등의 프로그램이 있고 서먹서먹하고 썰렁한 분위기를 확 깨뜨리는 전문화된 프로그램도 있습니다. 교수자는 아무리 경험이 풍부하고 잘 가르쳐도 어떻게 최상의 수업 분위기를 연출하여 최고의 수업을 운영할 것인지에 대해 늘 심사숙고하게 됩니다. 이제는 아이스브레이킹이라는 말이 일반화되어 많은 교수자가 자신의 수업에서 어떤 아이스브레이킹을 하면 좋을까를 생각하며 첫 시간을 준비합니다.

　아이스브레이킹은 스팟팅보다 조금 긴 시작이 필요합니다. 스팟이 3분 이내의 것들이라면 아이스브레이크는 3분에서 6분 정도로 구성되어 학습자끼리 적극적으로 소통하게 하는 프로그램입니다.

첫째로 유쾌하고 활발한 수업 분위기를 만들기 위해서 상호작용으로 관계를 촉진하는 아이스브레이킹으로 시작하는 것이 좋습니다. 자기소개를 위한 진진가나 서로를 알아가는 인터뷰 게임, 대화를 통해 서로의 공통점을 알아보는 '우리 함께 찾아보아요'와 같은 활동도 좋습니다.

둘째로 아이스브레이킹은 학습자의 고정관념을 깨뜨려 변화와 개선을 유도하는 활동이어야 합니다. 퀴즈, 나의 감정 나무 그리기 활동, 뇌 구조 그리기, 패러다임 게임 등을 통해 쉽게 재생산되는 편견과 선입견이 학습자에게 어떻게 작동하는지 알아야 합니다.

셋째로 학습 참가자에게 유익한 경험을 주는 학습 정보나 지식이면 더욱 좋습니다. 다양한 브레인스토밍 게임을 통해 자신의 의견을 표현하게 하고 자신을 점검해보는 간단한 진단지 활동, 롤플레잉, 셀프 토크 만들기, 필살기보다 기본기를 갖추게 하는 활동, 마인드스토밍 게임 등을 통해 아이스브레이크를 단순한 게임 활동으로 끝나게 해서는 안 됩니다. 학습 구성원 모두에게 도움이 되는 활동으로 진행될 수 있도록 지식과 정보를 계속 업데이트하여 아이스브레이킹을 해야 수업 분위기가 진지해질 것입니다.

넷째로 아이스브레이킹을 통해 학습자가 학습목표를 달성하고 성취감을 맛보는 활동을 하면 학습이 촉진되고 수업 분위기도 최고에 다다를 것입니다. Be-Do-Have 프로세스나 창의성 체크리스트, My Dream~, VAVA 게임, 가치명료화 게임, 2×2 매트릭스 게임 등 학습목표를 촉진할 수 있는 아이스브레이크 활동은 얼마든지 있습니다. 아이스브레이크가 즐기는 시간으로만 채워진다면 그것은 레크리에이션에 가까울 것입니다. 반면 무슨 교훈을 주고 훈계하려는 교육적인 아이스브레이크 활동만 하려는 것도 역효과가 날 수 있습니다. 그래서 외적 동기 부여를 뛰어넘어 내적 동기 부여가 되는 아이스브레이크를 개발하고 찾아내야 합니다. (《아이스 브레이크 101》을 참고하면 더 많은 아이스브레이크 자료를 만날 수 있습니다.)

2장 ACTIVE LEARNING FACILITATION

수업을 살리는
오프닝 이야기

"가장 어려운 시작은
시작 그 자체이다!"

– 괴테

"학습 참가자가 나의 수업에 들어올 때 어떤 상태인가요?"

"강의 시작을 어떻게 준비하고 진행하시나요?"

강의가 시작되기 전에 학습자의 모습과 상황을 떠올려봅시다. 몸은 수업에 참석하여 출석 체크를 하고 수다를 떨며 앉아 있지만, 마음은 아직도 수업 전 상황에 있고 지금 이 수업에는 몸만 와서 앉아 있습니다.

생각은 수업이 끝난 후 다음 장소에 가 있어 주의 집중이 저하된 상태입니다. 수업시간이 되어 교수자가 교실에 들어와서 수업 준비를 차근차근 진행하고 있는데, 학습자는 시작할 마음이 없는 듯 교수자와 학습 내용에 집중하지 못합니다. 학습자가 손과 머리에 수업과 관련이 없는 뭔가를 가득 채운 채 교실에 들어와 수업에 참여하려는 모습입니다.

학습자들은 각자의 상황에서 교통정리가 되지 않은 채 수많은 문제를 가지고 수업에 들어옵니다. 예를 들면 지금 내 수업에 학생이 30명 앉아 있다면 생각도 30개가 들어와 있는 거지요. 이런 상황에서 어떻게 효과적으로 오프닝을 하여 학습자의 학습 동기를 불러일으키고 주의를 집중하도록 할 수 있을까요? 우리는 무엇을 해야 학습자가 우리 강의를 기대하고 기다리게 만들 수 있을까요? 우리가 매주 만나게 될 학습자와 첫 수업의 시작을 어떻게 하는 것이 효과적일까요?

학습 참가자의 마음을 열 기회를 어떻게 잡을 것인가를 생각합니다. 오프닝에서는 학습 목표에 따라 학습자를 움직이고, 모으고, 흩뜨려놓고 다시 섞으면서 상호작용을 하며 말할 기회를 만들어주는 것이 중요합니다. 스스로 긍정적으로 마음을 열어가며 생각을 지금 이곳에 집중하게 하기 위한 질문과 재미있는 자료도 필요합니다. 이럴 때, 효과적인 오프닝을 위한 체크리스트가 있다면 정말 도움이 될 것입니다.

우리가 매일 만나는 프로그램에는 수업과 강의, 영화와 드라마, 뉴스와 쇼를 비롯해 수많은 온라인 동영상 강의와 교육, 이벤트, 파티, 활동이 있습니다. 조금만 관심을 가지고 살펴보면 오프닝이 있는 프로그램과 없는 프로그램이 보일 것입니다. 또 진행하는 사람마다 오프닝을 다르게 합니다. 오프닝에 능숙한 진행자는 학습 참가자를 정확히 이해하고 학습 요구를 파악하며 장소의 특성을 미리 알고 프로그램을 준비하므로 주어진 환경을 십분 활용합니다. 단순히 웃고 즐기는 내용도 좋지만, 재미와 아울러 교육적인 가치를 지닌 의미 있는 오프닝 활동을 설계할 수 있다면 더욱 바람직하겠지요.

1. 오프닝 체크리스트를 가지고 시작하라!

시작이 반이라는 말처럼 좋은 오프닝과 초기 활동kick off은 학습 참가자가 이 모임에 어떻게 참여할 것인가를 결정짓는 효과가 있습니다. 학습 참가자는 눈치가 빠릅니다. 학습 참가자가 교수자를 신뢰하고 교수자가 리더십이 있다면 참가자가 적극적으로 참여합니다.

수업을 준비하면서 스스로 강의를 어떻게 시작할지 점검할 수 있는 기준이 있습니까? 새로운 수업이나 기존 수업을 준비하면서 수업 설계를 할 때, 수업 시간마다 누구에게, 무엇을, 어떻게 시작할 것인가에 대한 체크리스트가 있을 것입니다. 지금 내가 사용하려는 이 활동을 오프닝으로 활용해야 하는 이유가 무엇인지 자문자답하면서 오프닝 프로그램을 신중하게 선택합니다. 질문으로 학습 참여를 유도하며 오프닝을 하기도 하고, 재미있는 활동으로 시작할 수도 있습니다.

ㅅㅇㄱ	ㅅㅎㅈㅇ	ㅈㅁ
ㅅㄱ	오프닝 체크리스트	ㅈㅂㅅ
ㅈㅁ	ㅎㅅㅁㅍ	ㅊㅅ

초성으로 제시된 8개의 단어를 따라 나만의 오프닝 체크리스트
를 만드는 작업을 시작해볼까요? 초성으로 제시된 단어를 순서대
로 완성해봅시다. 우리가 사용하는 오프닝 활동을 아래의 오프닝
체크리스트의 어떤 부분과 연결할 수 있을까요?

오프닝 체크리스트

- 이 방법은 _____을 깨뜨리는가?
- 이 방법은 _____을 촉진하는가?
- 이 방법은 강사와 참가자 모두에게 _____ 있는가?
- 이 방법은 _____ 을 집중시키고 있는가?
- 이 방법은 _____ 을 유지/향상하는가?
- 이 방법은 _____ 을 만들어내는가?
- 이 방법은 _____ 와 연결되는가?
- 이 방법은 _____ 한 요소가 있는가?

첫 수업이나 강의를 시작할 때 목적과 기본원칙에 따라 오프닝을

정합니다. 그 여덟 가지 오프닝 체크리스트를 생각해보는 시간을 가져봅시다.

① 내가 사용하는 오프닝 방법과 자료가 학습자의 선입견을 깨뜨리나요?

학습자가 수업에 참여하면서 가지는 선입관이 무엇일까요? 수업이 어렵다, 재미가 없다, 지루하고 힘들다, 도움이 안 된다, 교수자가 나이가 많다 등의 선입견을 깨뜨리는 오프닝이 필요합니다. 또한 학습자는 수업이 시작하고 끝나는 시간에 예민합니다. 수업을 마칠 시간에 정확히 끝내고 시작할 때도 한 학기 동안의 학습 그라운드룰에 따라 기본원칙을 지키는 것이 좋습니다. 교수자는 출석체크를 하고 수업을 진행합니다. 그러나 학습자의 몸과 마음은 아직 수업 전 단계에 머물러 있어 수업에 집중하지 못하고 정신은 수업이 끝난 다음 단계에 가 있어 수업에 몰두하기가 어렵습니다. 교수자는 학습자가 당연하게 수업에 참여할 거라는 고정관념을 버리고 학습자를 적극적으로 참여시키는 오프닝 전략이 필요합니다.

② 우리가 사용하는 방법과 학습자료가 상호작용을 촉진하나요?

이런 퀴즈가 있습니다. "서울에서 부산까지 가장 빨리 가는 방법은?" KTX, 비행기, 자동차 등 무엇을 타고 가느냐보다 누구와 어떤 대화를 하며 함께 가느냐가 더 중요할 겁니다. 오프닝에서 수업 포기자나 무기력자와 창의적인 전략으로 관계를 형성하여 수업에 집중하게 할 수 있습니다. 수업은 교수자와 학습자 간 상호작용을 해야 학습자가 적극적으로 수업에 참여하고 수업 환경이 조성됩니다. 내용을 일방적으로 전달하는 방식으로는 학습자의 학습능력을 향상할 수 없지요. 액티브 러닝의 기본은 학습 참여를 위한 상호작용입니다.

수업을 시작할 때 혼자 있는 학습자는 수업이 끝날 때까지 교수자나 학습자 간 상호작용에 참여하지 않을 가능성이 큽니다. 구경꾼, 방관자로 놔두지 말고 시작하면서부터 어떻게 둘씩, 셋씩, 넷씩 그룹으로 묶어 서로 토의 및 토론하며 수업에 참여하게 만들 것인가를 생각해야 합니다. 질문하든 동영상을 활용하든 일방적인 방식보다는 상호작용이 되는 학습자료를 개발하고 학습이 쉽게 이루어지도록 해야 합니다.

③ 지금 우리가 사용하는 오프닝 방법과 자료가 참가자와 교수자에게 재미있고 즐거운 것인가요?

그렇지 않다면 오프닝을 재미있게 다시 설계해야 합니다. 재미있는 것을 싫어하는 사람은 없지요. 물론 재미있는 활동이면서 수업과 관련된 내용으로 설계하기는 쉽지 않습니다. 그래서 늘 하던 안전한 방법으로 오프닝을 하며 재미가 중요한 것은 아니라고 변명합니다.

학습자의 재미와 교수자의 재미에 차이가 있을 수 있습니다. 교수자는 수업을 즐겁게 시작하는데, 정작 학습자는 즐겁지도 않고 웃음도 나지 않을 수 있다는 거지요. 그래서 그 오프닝 방법이 교수자뿐 아니라 학습 참가자에게도 재미있고 즐겁게 받아들여지는지 확인해보아야 합니다.

④ 우리가 사용하는 오프닝 방법과 학습 자료가 학습자의 생각을 집중시키나요?

수업 목표의 하나인 학습자 주의 집중과 동기 유발을 위해서 학습자의 생각을 읽는 것이 중요합니다. 생각의 속도와 기술을 잘 활용하여 학습자의 생성심리(생각대로 되는 심리)에 공감하는 오프닝일 때 학습자가 재미와 흥미를 느끼며 학습에 집중할 수 있습니다. 학습 대상자의 상태를 고려할 때 학년별로 생각의 속도가 다르고 남학생과 여학생의 생각의 기술이 다릅니다. 교수자가 학습자의 생각에 맞춰 할 수 있는 오프닝에는 뭐가 있을까요? 학습자의 관심사, 생각은 어디에 꽂혀 있을까요?

⑤ 우리가 사용하는 오프닝 방법이 학습자의 자부심을 유지해주거나 향상해주나요?

오프닝에 활용되는 액티브 러닝 자료가 상호작용을 촉진하고 선입견을 깨뜨리며 재미있다고 할지라도 수업을 진행하는 교수자의 방식과 피드백에 학습자가 감정이 상하고 자존감이 떨어진다면 그 오프닝은 하지 않는 것이 낫습니다. 아이스브레이킹을 하든 오프닝을 하든 그 목적에 맞게 마음을 열어가고 교육 목표를 이루어가면 됩니다. 아주 작은 부분에서라도 교수자가 학습자에게 부정적으로 피드백하거나 훈계한다면 학습자가 마음을 닫을 수도 있습니다. 오프닝을 사용하여 학습자를 인정하고 칭찬하면 지지와 응원을 받은 학습자가 학습하고 싶은 마음과 자신감이 생겨서 금상첨화가 될 것입니다.

⑥ 오프닝 전략의 기본은 질문입니다. 콘텐츠 전문가인 교수자가 학습 내용을 기반으로 학습자의 호기심을 자극하고 질문하는 과정에서 세운 전략은 오프닝의 시작이면서 끝이어야 합니다. 어떤 질문 장치를 만들어서 학습자들이 질문하게 하고 그 질문을 통해 학습 내용을 반복적으로 학습하게 할 것인가? 하는 문제는 우리가 오프닝에서 고민해야 할 부분입니다. 일방적인 전달로 끝나는 수업에서는 극히 작은 부분밖에 얻지 못합니다. 어떻게 우리의 수업을 시작하면서 학습자의 호기심을 자극할 수 있을까요?

⑦ 우리가 활용하는 오프닝 자료가 학습 목표와 연결되어 있나요?

모든 강의와 수업의 오프닝을 준비하면서 늘 고민하는 부분이 있습니다. 이 강의 내용과 관련 있는 동영상이나 사례가 무엇일까? 오늘 학습 목표와 연결할 수 있는 그림이나 효과적인 활동이 있을까? 이런 고민과 준비를 하는 교수자를 만나는 학습자는 행복한 사람입니다. 그까짓 오프닝 하나에 그렇게 신경을 쓰느냐고 의아해하는 사람도 있겠지만, 교사가 진심 어린 노력을 했을 때 학습자가 수업에 참여하고 몰두할 가능성이 큽니다.

⑧ 우리가 오프닝에서 활용하는 방법과 자료가 참신한가요?

시의성이 떨어지는 자료로 강의하거나 준비 없이 그냥 쉽게 진행한다면 강의에서 얻을 수 있는 효과는 거의 없습니다. 오프닝 자료를 준비하고 만들 때 가장 신경 써야 할 부분이 새롭고 참신한 내용입니다.

유튜브나 방송사에서 강의하는 수많은 강사도 가장 참신한 오프닝을 마구마구 쏟아내고 있습니다. 새로운 영상, 재미있고 기발한 퀴즈, 엉뚱한 질문으로 시청자의 시선과 마음을 사로잡습니다. 한물간 콘텐츠 내용과 오프닝 자료로는 학습자의 마음을 잡을 수 없습니다. 학습자는 조금이라도 지루하면 바로 딴생각, 딴짓을 합니다.

항상 학습자를 새롭고 다양하게 자극하여 학습자가 집중할 수 있는 오프닝을 준비하려고 애써야 합니다. 학습 참가자의 신뢰를 얻고 학습자가 즐거워서 수업에 참여하게 만드는 방법은 무엇일까요?

먼저, 준비를 잘한 뒤 시작하는 것이 제일 좋습니다. 시작 전에 도착하여 강의 장소를 살피며 준비하세요. 강사로서 상식에 벗어나지 않는 매너와 태도를 갖추는 것은 갈수록 중요합니다. 학습자의 요구에 맞는 내용과 학습자 중심 교수 – 학습 전략이 만나며 시작하는 겁니다. Fun+Facilitator=Funcilitator(재미있게 촉진하는 사람)가 되어 학습자를 적극적인 학습자로 만들어가야 합니다.

2 행운의 (ㅇㅅ)로 시작하라!

인사人事의 뜻을 풀이하면 '사람이 살아가면서 해야 할 일'입니다. 인사에 'ㅇ' 하나를 더하면 '인상'이 됩니다. 인상에 'ㅣ'를 하나 더하면 '인생'이 되지요. 작은 인사의 시작은 그 사람의 첫인상이 되고 자기 인생을 만들어가게 됩니다.

지금 옆에 있는 사람과 주먹 인사나 하이파이브를 하며 이렇게 인사해보세요. "세렌디피티!" 인사 방식은 많지만, 여기서는 세렌디피티라는 행운이 깃든 말로 인사를 배우고 강의를 시작해보세요.

세렌디피티가 무슨 뜻인지 아세요? 우연히 발견한 횡재, 행운, 재수, 운이라는 뜻입니다. 네이버 사전에서 검색을 해보면 뜻밖의 발견, 뜻밖의 재미로 나옵니다. 학교 수업, 기업의 리더십과 코칭 강의를 하다 보면 이런 경험을 헤아릴 수 없을 만큼 많이 합니다. 25여 년 동안 강의 분야에서 활동하면서 저는 '목표와 일치하는 것만 찾아내는 능력'인 세렌디피티를 다양하게 경험했습니다. 행운은 아무런 노력 없이 거저 내게 오지 않습니다. 목표 추구형 유기체로서 목표 지향적으로 살아가는 사람이 우연한 기회를 붙잡습니다.

옆에 앉은 동료들과 다시 한번 행운의 인사를 해봅시다. "세렌디피티!" 세렌디피티라고 말하며 인사하고 나서 어떤 행운의 시간과 기회가 있었는지 서로 이야기를 나누어보세요.

팬데믹에서 엔데믹으로, 불확실한 새로운 환경으로 진입한 상황입니다. 강의 분야에서도 게임의 룰이 많이 바뀌고 있습니다. 디지털 정보 환경에서 자신만의 세렌디피티를 찾는 여정을 시작해야 할 때입니다. 한 학기의 수업이 나에게 어떤 기회이고 행운의 시간이 될지를 이야기 나누어보세요. 지금 이 시간, 이 강의가 내가 찾고자 하는 것을 운 좋게 찾아가게 해주는 세렌디피티가 될 수 있습니다.

3억 명이 넘게 들었다는 BTS 지민의 〈세렌디피티〉 가사를 찾아서 음미해보세요. 크리스티안 부슈의 저서 《세렌디피티 코드》도 읽어보면 세렌디피티의 영역을 넓혀갈 수 있습니다. 〈세렌디피티〉라는 영화도 다시 한번 보면 잔잔한 감동이 있을 것입니다. '아하, 그래서 세렌디피티라는 제목을 붙였구나!' 하고 세렌디피티에 대한 의미를 생각해볼 수 있습니다. 우리는 인사를 하며 시작하고 수많은 만남과 이별을 하며 살아갑니다. 우연과 필연으로 이어지는 지금 이 시간에도 위대한 세렌디피티를 발견할 수 있습니다. 이 책을 읽고 있는 당신에게도 세렌디피티!

"인간관계에서 라포르 형성은 만남meeting에서 시작되고 표현expression을
통해 발전되어 의사소통communication으로 성숙되며 감정의 교류를 통
해 완성됩니다." _세렌디피터

우리 머릿속에 살고 있는 다섯 가지 감정은 어떤 모습일까요? 감
정은 어떤 현상이나 일에 대하여 생기는 마음이나 느끼는 기분을
말합니다. 명랑한 성격의 딸이 갑자기 말수가 줄어들고 냉소적으로
반응하며 감정 변화를 다양하게 겪는 것을 보고 '11세 딸(라일리)의
머릿속은 어떨까?'라는 물음에서 시작된 영화가 피트 닥터 감독의
〈인사이드 아웃〉입니다.

모든 게 다 잘될 거야! _기쁨이
어쩌라고? _까칠이

화가 나! _버럭이

세상은 너무 슬퍼! _슬픔이

앉으나 서나 걱정이군! _소심이

매일 만나는 학습자의 감정을 읽어주면서 수업을 시작하면 수업 내용이 한층 풍성해질 것입니다.

"지금 기분이 어때?"

예일대학교 감성지능센터장인 마크 브래킷은 "더는 괜찮은 척, 멀쩡한 척, 행복한 척하지 말라!"고 말합니다. 마크 브래킷의 저서 《감정의 발견》을 읽다 보면 장마다 계속 같은 오프닝 질문이 나옵니다. "지금 기분이 어떤가?"를 반복해서 묻습니다. 이 책을 읽고 있는 우리는 지금 기분이 어떤가요? 학습 참가자의 감정을 읽어주면서 시작하는 수업은 우리를 인간답게 하는 가장 큰 요소입니다. 학습자에게 감정 표현을 하도록 장려하는 것이지요. '괜찮아요', '좋아요'와 같은 무난한 표현에 익숙한 학습자는 어물쩍 넘어가려고 합니다. 감정은 일종의 정보가 됩니다. 플라톤은 "모든 학습은 감정을 토대로 한다"라고 말합니다. 시어도어 루스벨트도 이렇게 말합니다. "사람들은 당신이 얼마나 많이 알고 있는지에는 관심이 없다. 당신이 얼마나 그들에게 관심이 있는지 알기 전까지는."

학습자에게 관심이 있다는 것을 어떻게 표현할 수 있을까요? 라포르 형성을 넘어 수업을 진행하면서 학습자의 상태를 살펴보며 관심을 가지고 '오늘 기분이 어때요?' 등의 인사말로 수업을 시작해보세요. 학습자에게서 어떤 반응이 나올까요? 교수자가 학습자의 감정을 물어보고 읽어주면 학습자에 대한 수많은 정보를 직관적으로 알아차릴 수 있습니다.

아래 그림에서 "7 : 38 : 55가 말하는 숫자의 의미는 무엇일까요?"

메라비언의 법칙에 따르면 의사소통의 55퍼센트 이상이 비언어적 요소라고 합니다. 좀 더 감정적으로 해석하면 강사가 하는 말의 7퍼센트를 제외하고 비언어적이며 감정적인 요소가 93퍼센트입니다. 학습자의 감정 읽어주기가 중요한 이유는 첫 시간, 첫 만남에서 비언어적인 표정을 인식하고 적극적으로 커뮤니케이션하기 위한 것입니다.

첫인상은 감정이라는 말처럼 아무런 정보도 없이 처음부터 이성적으로 상호 교류를 하기는 어렵지요. 그래서 좋은 첫인상을 주려면 학습자를 만나기 전에 환하게 웃는 연습을 하고 강의실로 들어서는 것도 좋은 방법입니다. 화상 강의일 때는 학습자의 감정을 읽

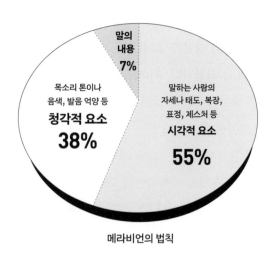

메라비언의 법칙

어주면서 시작하는 것이 더욱 중요합니다.

강의할 장소를 상상하며 잠시 생각해볼까요? 학습자와의 첫 대면이나 첫인상에서 상대의 이미지를 결정하는 요소는 무엇일까요?

개요 첫 시간에 자기소개를 할 때 주위에 앉은 동료와 교류할 수 있는 오프닝 활동 게임입니다. 자신의 현재 마음속 감정과 느낌을 있는 그대로 재미있게 표현하여 자신을 여러 사람에게 소개하며 인사할 수 있습니다. 또한 강사가 수업을 시작하면서 전체 학습자에게 질문할 수 있습니다.

목표 적극적인 오프닝 아이스브레이킹 활동으로 마음 열기 및 상호작용

시간 3~6분

인원 소그룹에서부터 전체 참가 인원까지 가능

준비물 참가한 인원 수만큼의 볼펜, 다양한 얼굴이 있는 그림 자료

진행 방법
① 첫 시간에 모인 모든 사람에게 그림 자료를 보여줍니다. 지금 나의 감정이나 기분을 가장 잘 표현한 이미지를 선택하여 메모지에 그린 후 옆 사람과 공유하게 합니다.

② 왼손 바닥에 500원짜리 동전보다 큰 원을 그리고 그 안에 내 기분을 가장 잘 표현한 얼굴을 그리게 합니다. 자신의 얼굴은 현재의 겉모습이나 마음속에 감춘 얼굴(화가 난, 속상한, 아픈, 우울한, 기쁜, 울고 싶은, 꿀꿀한, 얄미운) 표정이나 자기가 원하는 얼굴 표정입니다.

③ 서양에서는 사람과 사람이 만나면 포옹을 하거나 얼굴을 마주 대하며 가벼운 스킨십을 하는 경우가 흔합니다. 그러나 우리 문화에서는 스킨십이 오해를 일으킬 수 있으므로 손바닥에 자신의 감정을 잘 표현한 얼굴을 그리게 한 뒤 손바닥을 오므려 어떤 표정을 그렸는지 다른 사람이 모르게 감춥니다.

④ 이제 일어나서 2명 혹은 3, 4명씩 만나서 인사를 하며 서로의 감정을 물어보라고 요청합니다. "지금 기분이 어떠세요?" "지금 기분이 좋으세요?"라고 먼저 인사하며 감정을 물어보면 질문을 받은 사람은 손바닥을 펴서 보여주며 "지금 제 기분은 이렇습니다!"라고 말합니다. 이때 그 감정을 읽어주면서 서로 대화를 하는 것이 이 오프닝 활동의 핵심입니다. 한 사람의 역할이 끝나면 이번에는 바꿔서 상대의 감정을 읽어줍니다. 두 사람의 감정 읽어주기 인사가 끝나면 행복한 시간이 되라고 응원과 지지를 보내면서 헤어집니다.

⑤ 진행자는 사람들이 끼리끼리 몰려 있거나 참여하지 않고 소외되는 사람이 없는지 관찰합니다. 여러 사람과 자연스럽게 상호 교류할 수 있도록 전체 상황을 살피며 진행해나가면 됩니다.

⑥ 남녀 비율을 보면서 남자 3명, 여자 4명씩 만나 인사하도록 정

해주는 것도 좋습니다.

⑦ 활동하기 전에 '지금 나의 기분이 어떤지 알아요?'라는 제목으로 준비된 사진자료를 보여주고 인간의 얼굴 표정이 얼마나 자주 쉽고 다양하게 바뀌는지를 보여주면 좋습니다.

⑧ 모임의 첫 시간에 하는 아이스브레이킹은 마무리하는 시간에 진행하는 아이스브레이킹과 의미가 다릅니다. 첫날 아이스브레이킹의 목적이 친밀감 형성이라면, 마무리하는 날의 목적은 응원과 지지입니다.

⑨ 과정을 함께 하며 마지막 시간에 자신의 속마음을 적극적으로 표현하는 사람이 있는가 하면, 속마음을 감추고 아무런 일이 없는 듯이 행동하는 사람도 있습니다.

학습자의 〈감정〉을 읽어주면서 시작하라!

① 시작과 다르게 마지막에 사용하는 키스 미Kiss Me 게임은 엄지 손가락을 이용합니다.

② 엄지손가락은 일상생활에서 다양하게 사용되고 상징성이 있습니다.

③ 우리가 주먹을 쥐고 엄지손가락을 세워 보일 때 어떤 의미를 담나요? '최고다', '제일이다', '넘버원이다', '짱이다' 등 좋다는 의미도 있고, 칭찬, 격려, 응원, 지지 등의 의미로도 사용되지요.

④ 왼손 엄지손가락 첫 마디에 자신의 최고의 모습, 목표를 달성했을 때의 모습, 마음의 평화가 넘치는 행복한 모습, 강의 후 약속을 지켜나갈 결의에 찬 모습 등을 그리게 합니다.

⑤ 1박 2일 또는 2박 3일의 강의를 통해 서로의 목표와 꿈에 대해서 알게 된 사람들끼리 서로 격려하고 칭찬하는 시간으로 마무리할 수 있습니다. (꼭 강의 상황이 아니더라도 가정에서, 직장에서, 사회생활에서 가깝게 만나거나 함께하는 사람들에게 해주고 싶은 말을 떠올려보세요. 어떤 말을 해주고 싶나요?)

격분한 Enraged	공황에 빠진 Panicked	스트 레스 받는 Stressed	초조한 Jittery	충격 받은 Shocked	놀란 Surprised	긍정 적인 Upbeat	흥겨운 Festive	아주 신나는 Exhilarated	황홀한 Ecstatic
격노한 Livid	몹시 화가 난 Furious	좌절한 Frustrated	신경이 날카 로운 Tense	망연자실 한 Stunned	들뜬 Hyper	쾌활한 Cheerful	동기 부 여된 Motivated	영감을 받은 Inspired	의기 양양한 Elated
화가 치밀어 오른 Fuming	겁먹은 Frightened	화난 Angry	초조한 Nervous	안절 부절 못하는 Restless	기운이 넘치는 Energized	활발한 Lively	흥분한 Excited	낙관 적인 Optimistic	열광하는 Enthusiastic
불안한 Anxious	우려 하는 Apprehensive	근심 하는 Worried	짜증 나는 Irritated	거슬 리는 Annoyed	만족 스러운 Pleased	집중 하는 Focused	행복한 Happy	자랑 스러운 Proud	짜릿한 Thrilled
불쾌한 Repulsed	골치 아픈 Troubled	염려 하는 Concerned	마음이 불편한 Uneasy	언짢은 Peeved	유쾌한 Pleasant	기쁜 Joyful	희망찬 Hopeful	재미 있는 Playful	더없이 행복한 Blissful
역겨운 Disgusted	침울한 Glum	실망 스러운 Disappointed	의욕 없는 Down	냉담한 Apathetic	속 편한 At Ease	태평한 Easygoing	자족 하는 Content	다정한 Loving	충만한 Fulfilled
비관 적인 Pessimistic	시무 룩한 Morose	낙담한 Discouraged	슬픈 Sad	지루한 Bored	평온한 Calm	안전한 Secure	만족 스러운 Satisfied	감사 하는 Grateful	감동 적인 Touched
소외된 Alienated	비참한 Miserable	쓸쓸한 Lonely	기죽은 Disheartened	피곤한 Tired	여유 로운 Relaxed	차분한 Chill	편안한 Restful	축복 받은 Blessed	안정 적인 Balanced

활력 높음 High Energy

활력 낮음 Low Energy

의기소침한 Despondent	우울한 Depressed	뚱한 Sullen	기진맥진한 Exhausted	지친 Fatigued	한가로운 Mellow	생각에 잠긴 Thoughtful	평화로운 Peaceful	편한 Comfortable	근심걱정 없는 Carefree
절망한 Despairing	가망 없는 Hopeless	고독한 Desolate	소모된 Spent	진이 빠진 Drained	나른한 Sleepy	흐뭇한 Complacent	고요한 Tranquil	안락한 Cozy	안온한 Serene

← 쾌적함 낮음 →   ← 쾌적함 높음 →
Low Pleasantness   High Pleasantness

출처: 마크 브래킷, 《감정의 발견》, 북라이프(2020).

마크 브래킷 교수가 만든 '무드미터mood meter'는 학습자의 감정을 인식하고 측정하는 도구로, 강의를 시작하면서 오프닝 아이스브레이킹으로 쓸 수도 있고 개인 코칭과 상담 중에 사용해도 괜찮은 교육 게임 도구입니다.

학습자의 감정을 이해하려면 끊임없이 질문을 던져야 합니다. "지금 기분이 어떠세요?"라고 물으면 "네, 저는 활력은 높은데 쾌적함이 낮은 영역에 있으니까 좀 짜증이 나네요"라고 표현할 수 있습니다. "무슨 일이 있었나요?", "왜 그렇게 느꼈어요?" 하고 그 감정을 이해하려는 마음과 그 상황에 대한 관심을 가지고 질문합니다. 감정 심판자가 아니라 감정 과학자가 되기 위한 기본은 질문과 경청입니다. SNS시대에 사는 우리는 괜찮은 척, 멀쩡한 척, 행복한 척하며 살아갑니다. 모두가 행복하다는 거짓말을 하며 살아갑니다.

4 참가자의 (ㅅㄱ)을 공유하면서 시작하라!

대전 K대학교에서 교양 과목으로 인성리더십 강의를 할 때 참가자 30명을 학년별로 리그루핑을 한 뒤 1학년부터 4학년까지 학년별 뇌구조 그리기를 실시했습니다.

자유 전공 학부로 입학한 1학년 학생들은 동아리 활동, 여행, 게임 등 여유롭고 자유로운 뇌구조를 가지고 있고, 2학년 학생들은 군 입대부터 전공 선택에 대한 고민을 많이 하는 뇌구조를 가지고 있습니다. 3학년 학생들은 취업부터 자격증, 휴학 등 좀 더 구체적인 진로를 생각하는 뇌구조를 가지고 있고, 4학년 학생들은 (군 면제를 위한) 대학원 진학부터 면접, 자기관리, 인턴십 경험 등으로 채워진 뇌구조를 가지고 있습니다. 수업 시작 전 학년별 뇌구조 그리기를 통해 한 학기 동안 함께할 학습자들끼리 서로의 심리적 생성심리를 공유하며 의견을 모으고 공유하는 시간을 가져보세요. 학습자의 생각의 속도를 읽고 이해할 수 있는 능동적인 활동 경험이 될 것입니다.

개요 교사의 뇌구조와 학생의 뇌구조부터 여자의 뇌구조와 남자의 뇌구조, 짱구의 뇌구조, 혈액형별 뇌구조, 보수의 뇌구조와 진보의 뇌구조, 고등학생의 뇌구조, 인플루언서의 뇌구조 등 어떤 배우나 가수, 스포츠 선수가 뜨면 곧바로 그의 뇌구조를 그린 그림이 여기저기 떠돌아다니죠. 지금 우리 뇌구조는 어떻게 채워져 있는지 생각해본 적이 있나요? 나의 뇌구조를 한번 그려보는 시간을 가져볼까요? 내가 가장 많은 시간을 함께하는 상대방의 뇌구조도 그려보면 어떨까요?

진행 방법

① 빈칸으로 남겨진 사람의 뇌구조 이미지를 나누어 주거나 그리도록 합니다.

② 참가자에게 하루 종일, 아니면 지난 일주일 동안 어떤 생각을 하면서 지냈는지를 떠올려보라고 요청합니다.

③ 학습 참가자들이 어떤 생각을 많이 했는지 뇌구조 그림에 단어를 써넣다 보면 나의 가장 중요한 관심사가 무엇인지, 어디에 시간과 돈을 가장 많이 쓰는지, 요즘 무슨 걱정을 하면서 살아가는지 등 뇌구조가 채워지기 시작합니다.

④ 로또 당첨에 대한 기대감부터 영어 공부, 가족, 드라마의 결말, 애인, 블로그, 여행, 책 읽기(책 쓰기), 정치인, SNS, 술, 담배, 쇼핑, 승진, 새로운 사업 구상, 게임, 콤플렉스, 외모, 결혼, 군 입대, 신앙, 휴식, 미워하는 인간까지 다양한 감정과 끝도 없이 떠오르는 생각과 상황을 뇌구조 이미지에 하나하나 채워나갈

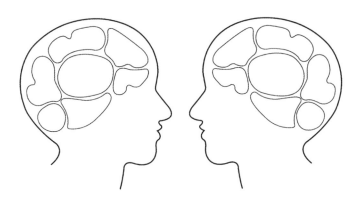

생각의 기술, 생각의 속도, 심리적 생성심리

수 있도록 시간을 적절히 줍니다.

⑤ 완성된 뇌구조 이미지를 가지고 각자 자신이 중요하게 생각하는 것이 무엇인지, 관심과 흥미를 가지고 몰입하는 분야가 무엇인지, 취미가 무엇인지, 가장 큰 걱정거리와 스트레스가 무엇인지, 지금 꼭 성취하고 싶은 목표가 무엇인지를 서로 나누는 즐거운 시간이 될 것입니다.

⑥ 교수자와 학습자는 강의실에서 어떤 생각으로 시작할지 그 뇌구조를 한번 그려보세요. 강의를 하는 입장에서 내가 만나야 할 학습자의 생각을 알아보며 시작하는 것도 필요하겠지요.

효과적인 오프닝 아이스브레이킹을
위한 실재감 이야기

오프닝 아이스브레이킹으로 학습자의 마음을 열고, 학습 분위기를 조성하는 상호작용은 오프라인이든 온라인이든 중요한 부분입니다. 실제 실시간 온라인 강의는 오프라인처럼 서로를 볼 수 있습니다. 얼마든지 오프라인처럼 상호작용을 통해 교수자의 실재감과 인지적 실재감을 살릴 수 있습니다. 문제는 그간 오프라인 수업에서 약간의 노력도 없이 학습 진도에 맞춰 강의안만 띄워놓고 일방적으로 강의를 해온 강사와 교수자들이 온라인 수업에 참여하는 학습 참가자들의 주도적 자발성을 어떻게 끌어낼 수 있는가 하는 것입니다.

학습자들이 오프닝 아이스브레이킹을 통해 교과목에 집중할 때, 교수자들은 어떻게 학습목표를 달성하면서 지속적으로 주의 집중과 학습 동기를 유지해나갈지 생각해야 합니다. 학습이 시작되고 15분에서 20분이 지나가면 학습자의 집중력은 떨어지기 시작합니다. (요즘에는 5분, 10분도 채 지나기 전에 딴생각, 딴짓을 하는 학습자가 많습니다.) 이때 오프닝을 통해 학습자들이 딴짓, 딴생각을 하지 않고 학습에 집중하도록 다양한 사회적 실재감 전략이 필요합니다. 실재감이 결여된 상태에서는 오프라인이든 온라인이든 제대로 된 학습이 일어나지 않습니다.

어떻게 이 실재감을 향상할 수 있을까요? 상호작용과 즉각적인 피드백이 가능한 소프트웨어 콘텐츠들로 교수자와 학습자 간, 학습자와 학습자 간 소통(예: 채팅)이 가능해야 합니다. 학습 참가자가 집중해서 학습에 주도적으로 참여하는 학습 실재감이 이루어지려면 교수 실재감, 인지적 실재감, 사회적 실재감 모두를 높일 수 있는 다양한 교수-학습 전략이 필요합니다.

지금 우리가 이 책에서 아이스브레이킹 이야기, 오프닝 이야기, 클로징 이야기, 러닝 퍼실리테이팅과 액션 러닝 이야기, 액션 플랜

학습 실재감을 높이기 위한 액티브 러닝 전략

사회적 실재감 영향 요인	상호작용, 소속감, 격려하는 학습 환경, 협력 활동, 관계 형성, 지식 공동 구성, 생각 공유, 정서적이고 효과적인 반응, 온라인 활동 개발/참여/협력, 지속적이고 정기적인 토론
인지적 실재감 영향 요인	온라인 매체를 활용한 교사의 경험 공유 및 토론, 실제 교실 상황을 보여주는 비디오 관찰, 블로그, 이야기, 온라인 포럼, 공식적인 동료의 피드백
교수 실재감 영향 요인	학습자 중심 교육, 퍼실리테이터로서의 역할로 적절한 질문, 적절한 시기의 구체적이고 세부적인 피드백 제공, 적절한 학습 설계(유연성＋맞춤형＋맥락적＋형성 평가＋적절한 과제 제시), 적절한 학습 도구와 교육 목적에 맞는 기술 사용

과 학습도구에 대한 다양한 담론과 아이디어를 제시하는 I.O.C.F. A.M 프로세스를 언급하는 이유는 학습자의 학습 실재감을 높이기 위해 교수-학습 전략을 사용해야 하기 때문입니다.

6 기승전 (ㅁㅍ)에서 시작하라!

"결국 우리는 자신이 조준한 것만 맞히게 된다!"_헨리 데이비드 소로

"목표와 일치하는 것만 찾아내는 능력."_세렌디피터

기승전 목표! 기승전 학습목표! 결국 어떤 학습이든 참가자들에게 가장 중요한 것은 무엇일까요? 아무 생각 없이 앉아 있는 학습자에게 오프닝을 통해 동기부여를 하는 이유는 학습자가 자기 목표를 추진하게 하기 위해서일 것입니다.

아주 간단한 오프닝 기법 중에 수업을 시작하면서 학습자들에게 포스트잇이나 노트에 목표를 10개씩 써보게 하는 것이 있습니다. 반복되는 학습을 하다가 갑자기 자기 목표를 써보는 이 짧은 순간이 어쩌면 학습자들의 정신을 번쩍 깨우는 시간이 될 수 있습니다.

1	
2	
3	
4	
5	
6	
7	
8	
9	
10	

갑자기 목표를 10개씩이나 쓰라니? 잠시 의아할 수 있으나, 실제로 해보면 자신에게 집중하는 짧지만 꼭 필요한 경험임을 알 수 있습니다. 그것도 1분 정도만 내적 동기와 집중력을 끌어낼 수 있는 유익한 시간이 될 것입니다. 이 오프닝 기법을 읽고 있는 여러분도 한번 써보세요. 지금 나의 중요한 목표 10개를 기록하는 시간을 가져보는 것입니다. (학생이든 성인이든 잠시 생각하는 시간이 필요합니다.)

참가자 대부분이 목표를 2~3개 정도만 쓴 후 난감해하다 나머지 칸을 채우지 못합니다. 노트에 끄적거리기는 하나 자신의 목표나 마음에 드는 목표를 더는 생각해내지 못합니다. 갑자기 짜증이 난다고 말하는 사람도 있습니다. 순수한 내 목표 10개를 쓴다는 것이 그리 간단하지 않습니다.

왜 목표가 없겠습니까? 되고 싶고 하고 싶고 가지고 싶은 게 얼마나 많은데요. 문제는 목표에 대한 초점, 목적의식이 결여되어 있는 데 있습니다. 아무 생각 없이 수업(강의)에 들어와 앉아 있는 것입니다.

"가장 개인적인 것이 가장 창의적인 것이다!" 봉테일 리더십의 봉준호 감독이 아카데미 시상식에서 한 말입니다. "제가 젊었을 때 영화 공부를 하며 가슴에 새겼던 말이 있습니다. '가장 개인적인 것이 가장 창의적이다'라는 마틴 스코세이지 감독의 말입니다. 마틴의 영화를 보면서 자란 사람으로서 같이 후보에 오른 것만으로 영광인데 제가 상을 받을 줄은 전혀 몰랐습니다"라고 수상 소감을 해서 유명해졌습니다.

이 말을 좀 더 확장해서 이렇게 표현할 수 있습니다. "가장 한국적인 것이 전 세계를 매료한다." 이젠 흉내 내고 남의 것을 따라가는 것으로는 부족한 시대에 살고 있습니다. 지금 시대는 목표도 가치도 꿈도 버킷 리스트도 나만의 고유한 것이 가장 창의적이고 매력적으로 여겨집니다. 1~2분 정도의 짧은 시간 동안 학습자들이 자기 목표를 작성해보게 할 뿐이지만, 자연스럽게 오늘의 학습목표로 연결하면서 오늘의 수업을 내적 동기부여의 시간으로 만들 수 있습니다.

외적 동기부여 요소처럼 잠깐의 흥미와 관심 끌기를 학습으로 연결하는 것과 달리 내적 동기부여 요소는 자기 안에 있는 것을 끌어냅니다. 가치명료화value clarification 게임이나 나의 꿈my dream 그리기, 콜라주로 만드는 버킷 리스트 그리기, 보물 지도 그리기 등을 수업(강의) 중 적시적소에 활용할 수 있다면 학습자의 학습 참여 동기가 강화되고 자기 목표를 생각해보게 하는 강력한 오프닝 활동이 될 수 있습니다. 수업 중 참가자들의 개인적인 목표를 목록화하는 오프닝 활동은 학습 참가자들을 자극하고 이 목표를 오늘의 학습목표로 전환하는 데 효과적일 것입니다.

7 (ㅉㅈㅁ ㅁㅈ) 말로 시작하라!

"기존 사업을 과거와 같은 방식으로 계속하는 것은 앉아서 재난을 기
다리는 것과 같다."_피터 드러커

　나의 정강이를 후려갈기며 정신을 번쩍 들게 하는 멋진 말입니
다. 짧지만 멋진 말을 목표나 주제와 연결하여 찾아보면 주위에 널
려 있습니다. 수업과 강의 대상에 따라 짧지만 멋진 말을 다양하게
준비하여 오프닝에 활용할 수 있습니다. 시와 명언, 속담, 격언, 잠
언이라는 짧지만 멋진 말로 시작하고 마무리하는 것도 강의에서 처
음 만난 학습자들에게 오프닝 아이스브레이킹으로 좋은 방법입니
다. 학습 주제와 관련 있는 짧고 단순하며 학습목표를 돕는 자료라
면 좋은 시작이 될 수 있습니다.

　"생각이 막힐 때 시 한 줄에서 답을 찾는다." 단순함과 간결함에 대
한 통찰을 주는 카피 같은 스티브 잡스의 문장입니다. 짧은 시어詩語에

서 아이디어를 얻을 수 있습니다. 어떤 시집을 곁에 두고 음미하며 읽고 있는지요?

"사람이 온다는 건
실은 어마어마한 일이다.
한 사람의 일생이 오기 때문이다 "

_정현종의 〈방문객〉 중

'광화문 글판'을 통해 처음 알게 된 〈방문객〉이라는 시는 제가 오프닝에서 학습자들을 환영하고 환대할 때 진심을 담아 자주 활용하는, 짧지만 멋진 말입니다. 방문객처럼 나의 강의, 수업을 들으러 온 학습자들을 대할 때 나의 마음과 태도를 다시 한번 돌아보게 하는 시입니다.

라포르 형성을 위한 아이스브레이크가 끝나고 이제 수업이 시작되면 교수자는 자기를 소개하고 수업 전에 학습자들에게 오프닝 시 한 편을 읽어줍니다. "제가 여러분에게 시 한 수를 낭송하면서 강의를 열도록 하겠습니다." 순간적으로 학습자들의 시선이 집중됩니다. 강의가 진행되고 있는 계절에 맞게, 혹은 장소와 분위기에 어울리게 시의 제목과 시어를 선택해 학습자의 마음을 움직이고 힘찬 박수 속에서 강의를 시작합시다. 그리고 열정적인 강의가 끝날 즈음 또다시 강의를 정리하는 시를 프리젠테이션에 띄워놓고 잔잔한 음악과 함께 모든 참가자가 낭송하며 강의를 마칠 수도 있습니다.

시를 활용하여 학습자들을 만나기로 했다면 일반적으로 애송되는 시부터 요즈음 인기 있는 시까지 살펴보고 직접 암송을 할 것인지, 시가 적힌 종이를 나누어 줄 것인지, 인터넷에 있는 성우들의 낭송을 함께 들을 것인지를 결정해야 합니다. 제가 많이 사용했던 '광화문 글판(www.kyobogulpan.com)'이라는 좋은 자료방을 소개합니다. '광화문 글판'에는 시뿐만 아니라 짧지만 멋진 말이 가득합니다. 검색해보세요. 많은 자료를 얻을 수 있을 것입니다. 예전에 광수생각이나 짧은 4단 만화를 프리젠테이션에 넣어서 사용한 것처럼 활용할 수 있습니다. (어떤 교사는 시를 100편가량 암송하여 수업 도중에 자유자재로 활용하기도 합니다.)

필자는 어떤 강사가 강의에서 시를 사용하는 것을 보고 모방하던 수준에 머물러 있었는데 이제는 강의에서 시를 적극적으로 사용할 뿐만 아니라 시를 읽고 아이디어도 얻는 교수-학습 방법을 하고 있습니다. 시에 대한 재발견이랄까요? "정서적 교수-학습 방법의 일환으로 효과적인 시를 한 수 읊는다면 어떤 시가 가장 먼저 떠오르나요?"

짧지만 멋진 시와 명언 10개만 목록으로 만들어보세요. 짧지만 멋진 말과 문장은 찾아보면 주위에 넘칩니다. 정성스레 준비해 놓으면 수업 중 오프닝과 클로징에 활용할 수 있습니다.

중학교 국어 교과서에도 등장하는 정호승의 〈고래를 위하여〉는 학습 참가자들의 꿈을 이야기하고 큰 꿈을 그려보는 시간으로 연결하기 좋습니다. "마음속에 푸른 바다의 고래 한 마리"를 키운다는 이 시를 보여주며 자신만의 꿈, 즉 고래 한 마리를 그려보라고 이야기합니다. 갑자기 수업을 시작하면서 꿈을 그려보라니, 끙끙대며 고민하다가 자신의 마음속에 살고 있는 고래 한 마리를 그려내기 시작합니다. 여기에 이승철의 〈아마추어〉라는 노래를 배경음악으로 깔아준다면 짧지만 멋진 오프닝을 할 수 있을 것입니다.

> "이 우주가 우리에게 준 두 가지 선물 사랑하는 힘과 질문하는 능력이다."
> _메리 올리버의 《휘파람 부는 사람》 중

전문을 찾아 읽어보면 자연에 대한 명확한 관찰이 새로움을 느끼게 할 것입니다.

> "이제 우리 사회는 끊임없이 변화하는 상태로 존재한다. 현대의 혁명이라고 하면 1789년 프랑스혁명, 1848년 유럽의 연쇄적 민주화 혁명, 1917년 러시아혁명을 생각하지만, 정확히 말하면 오늘날에는 모든 해가 혁명적이다." _유발 하라리의 《사피엔스》 중

이런 짧지만 멋진 말은 어디에서 찾을 수 있을까요?

8 (ㅈㅁ)있는 스토리텔링으로 시작하라!

사람들은 정보를 이야기로 만들 때 훨씬 더 기억하기 쉽다는 것을 잘 알고 있습니다. 지금 같은 디지털 정보의 시대에 우리 모두는 이야기꾼입니다. 우리 모두 다른 사람과 나누고 싶어 하는 자신만의 이야기를 가지고 있습니다.

"재미있는 것을 싫어하는 학습자를 본 적이 있나요?" 사람들은 아무리 말려도 신나고 재미있는 것에 난리법석을 떱니다. 그런데 강의나 수업이 재미와 무슨 관련이 있을까요? 재미있게 주의를 집중시키면서 강의를 시작할 수 있는 방법에는 어떤 것이 있을까요?

재미있는 게임부터 재미있는 동영상, 재미있는 유머, 재미있는 드라마까지 끝도 없이 많습니다. 이런 재미있는 것들에는 탄탄한 역사가 있어 대서사시가 펼쳐지기도 합니다. 재미있는 강의를 만들려다 보니 강의 내용보다는 자기 이야기와 경험을 남발해 진짜 전달하고 싶은 내용이 무엇인지 구분이 가지 않을 때가 있습니다. 그래도 재미만 있으면 된다는 강의가 넘쳐납니다.

오늘 강의할 주제와 관련 있는, 핵심을 찌르는 짧고 강력한 스토리텔링으로 참가자들의 선입견이나 편견을 깨뜨리는 재미있는 오프닝을 계획해봅시다. '잃어버리기엔 너무 아까운 나의 꿈, 나의 인생'에 대한 기대와 태도가 중요합니다. 이 세상은 온통 실패만 가득한 것처럼 말하는 젊은이들을 대상으로 재미있는 스토리로 시작해보세요.

디즈니플러스로 전 세계에 이름을 떨치고 있는 월트 디즈니에 대해 기억해야 할 이야기가 있습니다. "I hope we never lose sight of one thing, that it was all started by a mouse." 이 문장을 프레젠테이션에 띄워놓고 스토리텔링을 시작해보세요. 옆에 동료들과 가위바위보를 한 뒤 이긴 사람이 진 사람에게 이 문장을 해석해서 재미있게 이야기해달라고 해보세요. '이 영어 문장을 내가 해석해서 이야기하라고? 그것도 재미있게 각색까지 더해서?' 다소 의아할 수도 있지만 이 짧은 문장 하나로 서로의 생각을 공유하며 재미와 의미까지 더하는 오프닝을 시작할 수 있습니다.

오늘 강의를 하면서 우리가 절대 놓치지 말아야 할 한 가지가 무엇인가요? 작지만 수업의 기본이 되는 기대와 태도, 신념에 대한 이야기로 연결할 수 있다면 좋은 오프닝이 아닐까요? "이 모든 것이 쥐 한 마리에서 시작되었다는 것을 놓치지 않기를 희망한다!" 쥐 한 마리에서 시작한 월트 디즈니 컴퍼니의 세계는 일상의 모든 구석구석에 들어와 있습니다.

우리가 익히 아는 토끼와 거북이 이야기입니다. 가벼운 오프닝으로 상호작용을 하며 마음을 열고 주의를 집중하기에 좋은 스토리입니다. 학습자들의 대화가 끝난 뒤 질문만 몇 개 더 해보면 재미있는 오프닝을 할 수 있지 않을까요?

"토끼의 목표는 무엇인가요? 거북이의 목표는 무엇이었을까요?" 거북이는 결승선finish line을 바라보며 느리지만 포기하지 않고 게임에 임했지요. 그런데 토끼는 자기 재능을 믿고 목표지점보다는 상대(거북이)를 보고 게임을 시작합니다. 너쯤이야 내가 충분히 이길 수 있으니 천천히 그늘 밑에서 쉬어 가도 된다고 생각한 거지요. 이런 재미있고 의미 있는 스토리텔링은 이솝 우화나 탈무드에서 인생의 중요한 원리나 삶의 깨달음을 전달하기 위해 사용되어왔습니다.

사람들은 정보를 이야기로 만들 때 훨씬 더 기억하기 쉽다는 것을 잘 알고 있습니다. 요즘같이 OTT를 이용하는 시대에 오프닝으로 활용할 수 있는 재미있는 스토리텔링은 관심을 가지고 찾아보면 주위에 널려 있습니다. 수업 내용이나 주제에 맞는 영화, 드라마, 콘서트, 뮤지컬, 스포츠 등을 학습자의 흥미를 유발할 수 있는 (중꺾마가 그렇고, 슬램덩크 명대사가 그렇습니다) 오프닝으로 만들 수 있습니다.

9 정보 습득 우선순위인 (ㅇㅁㅈ)를 활용하여 시작하라!

백문이 불여일견이라고 했습니다. 백 마디 말보다 그림 한 장이 더 낫고, 그림 백 장보다도 설계도 한 장이 더 낫고, 설계도 백 장보다 현장 건물이 더 낫다는 뜻입니다. 그러면 학습자들은 어떻게 학습할 까요?

사람의 오감(미각, 촉각, 후각, 청각, 시각) 중 시각이 80퍼센트 이상을 차지합니다. 시각을 통한 정보 습득이 우선한다는 것은 다 알고 있는 사실입니다. 우리는 강의에 어떤 이미지(그림, 사진, 카툰, 영화 포스터, 책 표지)들을 사용하고 있는지요? 이미지 한 장의 힘은 큽니다. 백 마디 말로 설명하는 것보다 효과가 있습니다. 보이는 것을 믿고, 믿는 것을 보기 때문입니다.

만화가 영화가 되고, 현실이 만화가 되는 세상에 살고 있습니다. 강의와 수업을 준비된 이미지로 시작하면 학습자들의 반응이 다릅니다. 강의를 이미지 하나로 웃으며 시작하고, 이미지로 상호작용을 한다면 정말 매력적이지 않은가요? 강의와 수업은 말이 많습니다. 시청각 자료로 주의를 더 잘 집중시킬 수 있습니다. 여기에 수업에 효과적인 의사소통 도구로 이미지를 찾아서 개발하는 것이 필요합니다.

아래 사진은 어떤 이미지일까요? 무엇을 하는 사람을 위한 이미지인가요? 이런 그림 하나로도 수업(강의)을 효과적으로 시작할 수 있습니다. 경기도 오산에 있는 경기도소방학교에서 강의를 마치고 나오면서 입구에 있는 훈련타워를 찍었습니다. "First in, Last out!" 강의가 반복되던 어느 날 아침, 이 사진 한 장을 프레젠테이션에 띄워놓고 오프닝을 했습니다. 수업에 참여하는 태도부터 시간관리 전략, 리더십, 세일즈마케팅, 강의실에 들어서는 강사의 마음가짐까지 수업에서 우리 일상의 주제나 목표와 연결된 시각화된 이미지 한 장의 힘을 느낍니다.

"오늘 끈 불은 내일 꺼야 할 불과 같지 않다"

학습자들의 학습 방식이 다른 것처럼 교수자의 오프닝 기술도 다양해야 합니다. 오늘 끈 불은 내일 꺼야 할 불과 같지 않습니다. "First in, Last out!"이라는 문장은 미국 소방조직의 리더십을 잘 보여주는 짧지만 멋진 문장입니다. "First in, Last out!"이라는 기대와 마음으로 내가 강의장에 들어가는지 생각해봅니다.

일상에 스며 있는 많은 이야기 소재가 이미지로 시각화되어 전달된다면 주의를 잘 집중시킬 수 있습니다. 검색해서 찾은 이미지 자료도 좋지만 직접 찍거나 새로 만든 것이면 더 좋을 것입니다. 죽순과 대나무 스토리도 좋고, 청어 이야기도 효과적입니다.

10 참가자를 촉진하는 좋은 (ㅈㅁ)으로 시작하라!

답을 구하는 것보다 문제를 제기하는 것이 더 중요합니다. 문제 제기가 있어야만 그에 대한 답도 생각할 수 있기 때문입니다. 문제 제기를 통해 알고 있던 답보다 더 멋진 답을 찾아갈 수 있습니다. "질문만큼 오래된 학습도구가 있을까요?" 질문은 학습을 시작하고 마무리할 때 효과적으로 활용할 수 있는 발문기법입니다. 나는 질문으로 시작하고 질문으로 마무리하는 교수자인지 생각해보세요. 좋은 질문에는 학습자들이 마음과 귀를 기울입니다. 좋은 질문으로 학습자의 현재 상태와 정보를 얻을 수 있습니다.

좋은 질문의 힘에 대해 생각해봅시다.

① 좋은 질문은 ㅊㅇ를 촉진한다.

② 좋은 질문은 ㄴ를 활성화하고 ㅎㅅ을 촉진한다.

③ 좋은 질문은 ㄱㅈ을 변화시키거나 다양한 ㄱㅈ을 갖게 한다.

④ 좋은 질문은 ㅇㅇㄷㅇ와 ㅌㅊㄹ을 불러내는 초대장과 같다.

초성을 보고 각 단어를 완성해보세요. 오프닝을 하면서 학습 참가자들의 완성충동을 활용하여 주의를 집중시킬 수 있습니다. 좋은 질문은 참여를 촉진합니다. 좋은 질문은 뇌를 활성화하고 학습을 촉진합니다. 좋은 질문은 관점을 변화시키거나 다양한 관점을 갖게 해 새로운 솔루션을 생각나게 해줍니다. 좋은 질문은 아이디어와 통찰력을 불러내는 초대장과 같습니다.

질문의 힘을 전파하며 누구나 질문의 혜택을 누릴 수 있기를 바라는 동기부여 강사이자 커뮤니케이션 컨설턴트 도로시 리즈는 자신의 저서《질문의 7가지 힘》에서 이렇게 소개합니다. 질문에는 어떤 힘과 깨달음이 있는지 차례를 완성해보세요.

> **질문의 일곱 가지 힘**
>
> ① 질문을 하면 □이 나온다.
>
> ② 질문은 □□을 자극한다.
>
> ③ 질문을 하면 □□를 얻는다.
>
> ④ 질문을 하면 □□가 된다.
>
> ⑤ 질문은 □□을 열게 한다.
>
> ⑥ 질문은 □를 기울이게 한다.
>
> ⑦ 질문을 받으면 스스로 □□이 된다.

자, 여기서 여러분에게 질문 하나를 드립니다. "혹시 몇 살까지 살기 원하세요?" '정확하게 나는 몇 살까지는 살 거야!'라고 생각하며 목표와 계획을 세운 사람도 있지만, 많은 사람이 '어? 뭐라고?' 하면서 그때부터 생각하기 시작합니다. 이런 질문을 받으면 답을 내기 위해 내 생각이 자극됩니다. 질문을 받으면 정보를 얻기 위해 대화의 방향을 만들어냅니다. 질문은 마음을 열게 하고 귀를 기울이게 합니다. 이런 질문 하나에 '나는 90세까지 병원 신세 지지 않고 건강하게 현장을 뛸 거야!' 하며 스스로 설득이 되는 힘이 생깁니다.

수업이나 강의 오프닝을 할 때 좋은 질문 하나를 던지는 것도 준비와 노력이 필요합니다. 그런 의미에서 차례만 잘 읽어도 독서가 되기도 합니다. "질문은, 특히 좋은 질문은 개인과 조직을 변화시킨다!" 적절한 학습의 순간에 적절한 학습 대상에게 적절한 질문을 하는 기술이 필요합니다. 학교를 졸업하고 사회로 나가면 정답 없는 질문이 넘쳐나기 때문입니다. 질문은 교수자만 하는 게 아닙니다. 질문할 수 있는 기회, 환경과 질문하는 경험을 학습자에게 주어야 합니다. 문제의 근본을 짚어주고 호기심을 잃지 않도록 지금 무엇이 가장 중요한가를 물으며 인생의 핵심을 찾을 수 있어야 합니다.

11 (ㅇㅅㅊㄷ)을 활용한 질문이나 문제로 시작하라!

한 학기 강의를 맡아 강의를 할 때, 일방적인 강의 전달이 아니라 질문을 제대로 하는 것이 좋겠다는 생각을 한 적이 있습니다. 질문이라고? 당연히 좋은 접근이죠. 문제는 어떻게 질문하느냐 하는 것입니다. 강의 시작부터 끝날 때까지 언제 어떻게 질문을 하고 질문을 받을 것인가를 설계해야 합니다.

강의를 시작하면서 완성충동을 활용하여 질문을 한다면 어떤 일이 일어날까요? 질문으로 강의를 시작해본 경험이 있으신가요? ("지난주 어디까지 진도 나갔지?"와 같은 질문 말고요.) 일반적으로 질문이나 문제, 퀴즈, 수수께끼, 퍼즐을 통해 오프닝을 할 수 있습니다. 자, 다음 윈도 패닝window panning 창틀 속에 있는 점블 퀴즈들을 보면서 빈칸을 채워봅시다. 어떤 단어가 생각이 나는지요? 정답은 없습니다.

오프닝을 하면서 참가자들에게 한두 가지라도 단어 조합을 하

147

게 하면 참가자들은 완성충동을 느끼고 짧은 시간에 학습에 참여하게 됩니다. 여러분은 어떤 단어가 생각나나요? 질문, 설렁탕, 크리스마스, 대답, 천연보석, 싱글벙글, 방법 외에 어떤 단어가 떠오르나요?

ㅈ ㅁ	□렁□	□□ㅅ□□
ㄷ ㄷ	**윈도 패닝 점블 퀴즈**	
□연보□	□글□글	ㅂ ㅂ

  학습자 관점에서 오프닝 질문을 하기 위해 한 학기 동안 작업했던 적이 있습니다. 강의가 끝난 뒤 "오늘 안으로 제 강의에 대한 질문 하나씩을 전체 대화방에 올려주시면 출석 체크 및 기말고사에 1점씩 점수를 드리겠습니다"라고 말했습니다. 매주 강의가 끝날 때마다 학생들은 제 강의를 듣고 느낀 점, 궁금한 점, 또는 자기 주장과 의견을 담은 질문을 보내왔습니다. 그 질문들 중 정말로 '죽이는' 질문이 있어 다시 한번 나의 강의를 돌아볼 수 있었고, 내 관점으로는 생각하지 못했던 내용을 정리할 수 있었습니다. (물론 정말 내 강의

를 제대로 듣고 질문한 것인가 싶은 말도 안 되는 질문도 많았습니다.) 학생들이 보내온 질문들 중 한두 개를 선택하여 다음 주 프레젠테이션에 올려놓고 팀별로 그 질문을 가지고 토의하게 했습니다. 그러면 다양한 반응이 나옵니다. 각 팀의 의견에 또 다른 질문을 덧붙이며 학생들이 토론을 하기도 합니다.

지난주에 자신들이 제출한 질문들 중 한두 가지를 가지고 토론하며 이전의 학습 내용을 이후의 학습과 연결할 수 있는 전이학습이 이루어진다면 훌륭한 오프닝이 아닌가요? 학습자들의 완성충동을 활용하는 질문 방식은 다양합니다. 질문만큼 학습을 촉진하는 오래된 학습도구도 없을 것입니다. 문제는 어떻게 질문할 것인가, 어떤 질문을 던질 것인가 하는 점입니다. 기억해야 할 것은 교수자 관점에서의 질문과 학습자 관점에서의 질문은 다르다는 점입니다.

강의 중에 다음 내용을 프레젠테이션에 띄워놓고 옆 동료와 가위바위보를 해서 진 사람이 내용을 해석해서 이긴 사람에게 말해주라고 요청합니다. 이 두 가지 질문에는 어떤 관점이 있는 것일까요? 여러분도 아래 두 가지 질문에 어떤 관점이 있는지 생각해보시지요.

```
1. History    1) The Nomadic Age
                  – "How can we move to water?"
              2) The Civilized Age
                  – "How can we get water at our place?"


2. 1995       1) NY City Police
                  – "How can we improve rate of arrest?"
              2) NY City Mayor
                  – "How can we reduce crime rate?"
```

학습자들끼리 하나씩 질문 스토리를 선택하여 이야기하게 해보는 것도 좋습니다. 관점에 따라 던지는 질문 하나가 어떤 결과를 만들어내는지 알게 될 것입니다. 유목민시대의 질문과 문명시대의 질문이 가져온 결과를 생각해봅시다. 뉴욕 경찰의 질문과 뉴욕 시장의 질문도 그 관점에 따라 결과는 엄청나게 달라집니다.

"Great Results from a Great question." 결국 위대한 결과는 위대한 질문에서 나옵니다. "질문할 사람 있나요?", "다른 질문 있는 사람?" 하고 물으면서 강의를 통해 어떤 생각을 했는지 정리하고 다른 관점에서 질문을 만들어보는 시간을 주며 문제 해결을 위해 토의를 하게 하는 것도 좋습니다.

누구의 관점에서 질문을 하나요? 학습 내용 전문가인 교수자가 질문을 잘 설계한다면, 그 질문 하나로 한 주 내내 학습한 내용이 학습자의 머릿속에서 떠나지 않을 것입니다.

교수자가 질문하고 교수자가 답하는 강의를 하는 사람은 하수요, 교수자가 질문하고 학습자가 답하는 강의를 하는 사람은 중수요, 학습자가 질문하고 교수자가 답하는 강의를 하는 사람 또한 중수며, 학습자가 질문하고 학습자가 답하게 하는 강의를 하는 사람은 고수입니다.

"참가자의 완성충동을 활용하여 질문으로 시작하라!"

12 스몰토크의 기본, (ㅇㄹ)을 기억하여
불러주는 것으로 시작하라!

스몰토크small talk란 소소한 화제로 나누는 가볍고 편안한 대화입니다. 스몰토크는 언제, 어디서나 사람들과 부담 없이 대화를 하는 것입니다. 다른 사람에게 자연스럽게 다가감으로써 좀 더 인간적이고 흥미진진한 관계를 열어가는 기술이죠. 명함만 모으는 인사에 머무르지 말고 마음을 열고 친구가 될 수 있는 스몰토크를 시작해보세요.

스몰토크는 결코 하찮은 일이 아닙니다. 데브라 파인은《잡담 말고 스몰토크》라는 책에서 스몰토크의 3대 기본원칙을 활용하라고 권합니다. 다시 말해 인사만 하고 지나치지 말고 본격적으로 말을 걸어 매력적인 소통을 하라는 것입니다.

스몰토크의 3대 기본원칙

① 이름을 기억하라.

② 이름을 변형하지 말라.

③ 내 이름을 알려줘라.

만나는 사람들의 이름을 기억하고 이름을 불러주는 것은 대화의 기본이지요. 데브라 파인은 실제 사례를 들어 스몰토크의 3대 기본원칙을 강조합니다. 기억하여 활용해보세요. 이름을 기억하고 불러주며 자기 이름을 알려주고 매력적인 소통을 시작해봅시다. 대화의 원칙은 주고받는 것입니다. 만일 누군가 계속 질문만 던진다면 상대는 공평하지 않다고 느낄 것입니다. (가끔 누군가와 대화를 하다 보면 자연스러운 대화가 아니라 '나 지금 코칭을 받고 있는 거야?' 하는 느낌이 들 때가 있습니다.)

오프닝을 하면서 스몰토크를 시작할 수 있는 털실 뭉치 놀이를 소개합니다. 먼저 테이블별로 한 사람에게 털실 뭉치를 줍니다. 그 사람은 털실의 끝을 잡고 스몰토크를 한 다음, 다른 사람에게 털실 뭉치를 던집니다. 그렇게 털실 뭉치를 받은 사람은 자신에게 털실 뭉치를 던진 사람이 한 말에 대해 질문을 합니다. 대답을 들은 뒤 자신도 스몰토크를 하고 똑같은 방식으로 다른 사람에게 털실 뭉치를 던집니다. 이 게임은 모든 사람이 털실 뭉치를 받을 때까지 계속 진행합니다.

이렇게 전체 모임 속에서 자기소개 및 다른 사람을 알아가는 스몰토크를 게임화하여 진행할 수 있다면 얼마나 좋을까요?

스몰토크에 활용하기 좋은 스몰토크의 주제나 이슈 33가지 중 10가지

① 최근의 굿뉴스는?

② 기억에 남는 여행은?

③ 여유시간이 생기면 꼭 배우고 싶은 것은?

④ 읽었던 책 중에 추천하고 싶은 책은?

⑤ 해외여행 가면 꼭 먹어보고 싶은 음식은?

⑥ 인생 드라마나 영화는?

⑦ 정말 싫어하거나 못 먹는 음식은?

⑧ 사람들이 모르는 나만의 맛집은?

⑨ 좋아하는 감독, 작가, 예술인은?

⑩ 가장 좋아하는 노래나 시는? (불러주세요.)

13 효과적인 오프닝을 위해 켈러의 ARCS 모델을 활용하라!

'WII-FM'이 무슨 뜻인지 들어보셨나요? 미국의 학습심리학자 켈러는 환경에서 적절한 피드백 및 보상을 받으면 학습자들은 자신의 행동을 강화할 것이고, 학습자의 특성과 환경이 노력, 수행, 결과에 영향을 미칠 것이라고 주장했습니다. 이것이 ARCS 모델입니다. 그 ARCS 모델 중에 주의 집중attention과 관련성relevance 두 가지를 오프닝으로 활용하면 효과적인 수업을 설계할 수 있습니다.

주의 집중attention

감각적 주의 집중 기술을 활용해보세요. 물렁한 공이나 작은 인형, 주사위, 컬러 찰흙, 블록 등을 이용할 수 있습니다. 인지적 주의 집중은 학습자 스스로 의문을 갖고 탐구 욕구를 가질 수 있도록 질문을 하거나 역설적인 상황을 제시합니다. 또한 다양한 매체 혹은 구체적인 예시를 제시하고 다양성을 추구하면서 주의 집중을 끌어

학습 동기 유발 및 유지 전략을 위한
켈러의 ARCS 모델

주의
Attention

관련성
Relevance

ARCS
모델

자신감
Confidence

만족감
Satisfaction

낼 수 있습니다. 학습자들의 주의 집중을 끌어내는 기술은 강의를 시작할 때 중요한 요소가 됩니다.

관련성relevance

1953년 런던대학교에서 근무하던 콜린 체리Colin Cherry는 사람의 집중력에 대해 연구했는데, 특히 여러 사람의 대화가 동시에 들리는 환경에서 어떻게 특정 상대와의 대화에만 집중할 수 있는지에 주목했습니다. 즉 여러 사람들이 대화를 하는데도 오직 내가 관심을 둔 사람의 이야기만 들린다는 것인데, 일명 칵테일 파티 효과 또는 자기 관련 효과self-reference effect라고 합니다. 심리학적으로는 선택적 지각selective perception의 일종이라고 할 수 있습니다.

그렇다면 강의에서 학습자와의 관련성을 부각할 때 강의에 대한 흥미도 높아질 수 있습니다. 그런데 특정 학습자의 상황에 딱 맞는 자료를 찾기는 쉽지 않습니다. 학습자와 학습 내용과 관련 있는 자료로 오프닝을 준비해봅시다.

강의를 시작하면서 학습자들은 긍정적으로 교수자의 강의를 기대합니다. 그래서 최고로 집중을 한 상태로 강의에 임합니다. 그런데 이렇게 저렇게 FM 주파수를 맞추면서 What's in it for Me? (WII-FM), 즉 지금 이게 나에게 어떤 관련성이 있는지, 무엇이 내게 도움이 되는지를 살펴보며 유익이 없다고 판단되면 바로 딴짓, 딴생각을 하게 됩니다. 강의 시작에서 ARCS의 주의집중과 관련성이 중요한 이유는 학습자들이 WII-FM 주파수를 맞추고 학습에 참여하기 때문입니다.

14 NGT 명목집단 기법을 강의 전반에 적극적으로 활용하라!

NGT Nominal Group Technique, 명목집단 기법을 아시나요? 액션 러닝과 러닝 퍼실리테이션에서 가장 많이 활용되는 학습자 참여 유도 기법으로 참가자들의 의견과 아이디어를 짧은 시간에 가장 많이 모을 수 있는 기술입니다. 또한 포스트잇을 활용하여 학습자들이 다양한 학습 활동에 참여할 수 있도록 합니다. 이전의 학습과 이후의 학습을 연결하는 오프닝과 클로징을 포스트잇에 기록하여 서로 공유함으로써 강의(수업) 주제와 자연스럽게 연결하는 기술입니다.

교수자라면 수많은 학습 도구 중 포스트잇이나 A4 용지를 효과적으로 활용할 수 있는 NGT 명목집단 기법에 대해 정확하게 정의를 내리고 정리해두어야 합니다. 그래야 강의 전반에 대해 기본적인 사항을 구축할 수 있습니다.

NGT에 필요한 학습 도구

포스트잇 여러 장, 매직, 포스트잇 대용 노트, 색 도화지, 플립차트(전지), 투표용지

NGT 목표

주제에 대해서 토론하기 전에 자신의 생각을 노트나 포스트잇 등에 정리하는 시간을 모든 팀원에게 주고 팀원들이 자유롭게 자신의 이야기를 할 수 있도록 합니다.

NGT 기대 효과

① 생각을 정리하고 적어보는 시간을 통해 자신의 의견을 정확하게 표현할 수 있습니다.

② 팀 안에 영향력 있는 사람을 중립을 지키는 사람으로 지정할 수 있습니다.

③ 팀원 모두의 의견을 들어볼 수 있습니다.

④ 자신의 아이디어를 자유롭게 표출하거나 이야기할 수 있으므로 모든 구성원의 적극적인 참여를 유도할 수 있습니다.

⑤ 명목상 집단이지만 실제는 개인 작업으로, 토론 시간을 절약할 수 있습니다.

⑥ 더 많은 생각과 아이디어를 촉진할 수 있습니다.

NGT 규칙

① 진행자는 의견을 제시할 수 없습니다.

② 토의 및 토론 전에 팀원들 간에 대화를 하지 않도록 합니다.

③ 토론을 시작하기 전에 팀원 모두가 주제에 대해서 생각해볼 수 있는 시간을 갖습니다.

④ 무조건 포스트잇(또는 노트)에 적게 합니다. 매직을 이용해서 누구나 쉽게 볼 수 있는 크기로 작성합니다.

⑤ 진행자는 서기를 뽑거나 본인이 서기를 맡습니다.

⑥ 팀원들이 포스트잇에 적은 의견을 공개할 때는 비판을 하지 않습니다.

⑦ 자신의 의견에 집착하지 않아야 합니다.

⑧ 우선순위를 정하되 결정이 안 되면 투표로 결정합니다. 진행자는 투표권이 없습니다.

NGT 진행 방법

① 진행자는 토론을 하기 전에 준비물을 팀원의 테이블 위에 올려놓습니다.

② 진행자는 팀원에게 토론 전에 대화를 하지 말라고 일러줍니다.

③ 토론 주제를 알려주고 포스트잇을 나누어 줍니다.

④ 옆 사람과 대화를 하지 않고 주제에 대한 자신의 의견을 생각하고 정리할 수 있는 시간을 줍니다.

⑤ 의견을 적은 포스트잇을 중앙 테이블이나 진행자가 서 있는 쪽의 벽에 붙이도록 합니다. 이때 모든 참석자가 앉아서도 볼 수 있는 크기로 적게 합니다.

⑥ 진행자가 의견을 모두 읽어줍니다. 팀원은 의견을 들으면서

어떠한 비판도 해서는 안 됩니다. 서기는 제시된 의견을 플립 차트나 화이트보드에 크게 적습니다.

⑦ 제시된 의견에 대한 보조 설명을 각각 듣고 의견을 지지하는 이유도 들어봅니다.

⑧ 팀원들이 낸 의견의 우선순위를 정해봅시다. 공개 토론으로 우선순위가 정해지지 않으면 투표용지를 나누어 주고 투표로 결정하게 합니다.

⑨ 최다 득표를 한 의견을 최종안으로 선정합니다.

tip 진행자를 위한 팁

① 의견을 모아서 정리할 때 중복되거나 비슷한 의견은 통합하거나 제거합니다. 이때 팀원의 동의를 구해야 합니다.

② 포스트잇이 없다면 A4 용지나 색도화지를 적당한 모양과 크기로 잘라서 사용하고, 의견을 적은 종이는 테이블 중앙으로 모아 진행자가 발표합니다.

포스트잇 활용 팁

① 두꺼운 펜을 사용하여 가독성을 높인다.

② 한 장에 하나의 아이디어를 작성한다.

③ 아이디어가 생각날 때마다 전지에 부착한다.

④ 비슷한 아이디어들을 그루핑한다.

⑤ 소그룹 아이디어에 타이틀을 부여한다.

⑥ 포스트잇 사용의 장점을 활용한다.

   (시간 절약, 다양한 의견 수렴, 신속한 의사결정 가능, 불필요한 논쟁 배제,

   액션 플랜 확정 등)

15 오프닝 이야기를 정리하면서

'첫 끗발이 개끗발'이라는 말처럼 되지 않으려면 시작의 중요성을 잘 생각해야 합니다. "자신의 언어 한계가 자신의 세계다"라는 비트겐슈타인의 말처럼 오프닝으로 짧지만 멋진 말, 액티브 러닝, 질문, 스토리텔링은 주의해서 선택해야 합니다. 왜냐하면 '시작이 반'이라는 속담처럼 시작을 보면 끝을 알 수 있기 때문입니다. 공자는 "가닥을 잘못 잡고 시작하면 전체를 망친다"라고 말합니다.

가르치는 교수자들은 수많은 오프닝을 합니다. 한 학기가 16주인데 첫 주 수업의 오프닝과 2주 차 수업의 오프닝은 다르게 준비해야겠지요. 첫 주 수업 오프닝에 대해 전략적이고 세심한 준비가 필요합니다. 학습자들이 알아야 할 것, 궁금한 것에 대해 명확하게 정보를 공유하도록 상호작용이 필요합니다. 교수자, 학생, 학과목 소개, 한 학기 동안의 학습 그라운드룰, 출석 체크, 자리 지정, 수업 방식 등과 같이 매주 수업 오프닝이 상투적으로 진행되지 않도록 세

분화되고 전문화되어야 합니다.

학습자로서 혹은 교수자로서 쌓은 지금까지의 경험으로 첫 시간을 상상해보세요. 미리 준비하고 강의실에 들어오는 친구도 있지만 호기심 반, 궁금증 반, 무관심 반으로 들어와서 동료들과 수다를 떨거나 SNS를 하는 친구도 많습니다. 학습자의 생각과 마음이 다른 곳에 가 있는 그때, 교수자가 강의실에 들어옵니다. 주의 집중을 위해 학습자들의 반응을 끌어내려고 해도 신통치 않을 때, 준비되지 않은 말과 생각, 행동, 태도가 학습자들에게 첫인상이 됩니다. 게다가 준비되지 않고 전략적이지도 않은 농담이나 우스갯소리로 오프닝을 한다면 그 순간 갑분싸가 될 것입니다. 전공과목이든 교양과목이든 학습자들에게 김새는 소리와 행동을 첫인상으로 남기는 것을 주의해야 합니다. 정말로 시작이 반입니다.

먼저, '오프닝이란 ○○○이다!'라는 문장처럼 오프닝에 대한 나만의 정의가 필요합니다. '왜 오프닝을 해야 하지?', '오프닝이 꼭 필요한 거야?', '그냥 잘 가르치면 되는 거 아니야?'라고 생각할 수도 있지만 첫 시간, 첫 만남에는 교수자와 학습자 간의 상호 이해와 학과목에 대한 소개가 중요합니다. 물론 학습자에게 학습 동기를 부여하는 것도 중요한 부분이지요.

강의에 대한 첫 느낌은 첫 번째 수업의 3~5분 안에 결정됩니다. 그래서 오프닝에 대한 전략적 접근과 준비가 필요합니다. 매주 수업을 어떻게 강의하고 토의하고 정리할 것인지에 대한 교수자의 퍼실리테이팅 방식도 설명해주어야 합니다. 학습자가 '아, 매 강의 시간이 이렇게 진행되겠구나'라고 알 수 있게 해야 합니다.

세상 모든 일에는 시작이 있습니다. 하루의 시작을 어떻게 하세요? 내가 선택한 시간표를 따르기 위해 to-do 리스트를 기록하면서 내가 만들고 싶은 그림을 그려봅니다. 그리고 매일매일 자료를 모으고 관찰합니다. 이 세상 다른 오프닝들은 어떻게 시작되는지 살펴보세요. 강의, 설교, 뉴스, 조회 시간, 소그룹 미팅, 파티, 영화, 드라마, 쇼, 이벤트, 프레젠테이션 등이 어떻게 시작되는지 살펴보면 오프닝에 대한 아이디어를 많이 얻을 수 있습니다. 이것들을 하는 사람들이 어떻게 오프닝 자료를 모으고 연습하며 준비하는지 알게 됩니다.

이런 과정을 통해서 만든 오프닝들을 앞에서 소개한 여덟 가지 오프닝 체크리스트에 대입해보면 오프닝 자료를 선별할 수 있습니다. 자, 오늘 학습 내용과 학습 목표와 관련 있는 오프닝 자료가 무엇이 있을까요? 시와 그림, 명언, 질문, 퀴즈, 동영상 등 다양한 학습 도구와 자료가 활용된다면 그 오프닝은 더 재미있고 효과적일 것입니다.

지금까지 수업과 강의를 하면서 활용한 오프닝에는 어떤 것이 있었는지요? 목록을 작성해보는 시간을 가져보세요. 성공적인 수업 오프닝을 위해서는 교수자의 전문가적 기술이 필요합니다. 내적 게임 외에 외적 게임에서 더 쉽고, 더 빠르고, 더 효과적으로 수업을 설계해야 합니다.

 ACTIVE LEARNING FACILITATION

수업을
효과적으로 끝내는
클로징 이야기

"끝을 생각하며
시작하라!"

- 스티븐 코비

(#클로징 #효과적인 마무리 #반복학습 효과)

시작이 반이고, 또 끝이 좋아야 모든 것이 좋다고 하지요. 강의를 시작하면서 강의의 끝, 클로징을 생각하시나요? 강사(교수자)가 상상하며 그리는 강의 클로징 이미지(그림)는 어떤 모습인가요? 강의가 끝나고 배운 내용을 복습할 때 다양한 리뷰 기법을 활용할 수 있습니다. 여러분은 어떻게 클로징을 하고 있으신가요?

반복학습은 의식적이든 무의식적이든 상관없이 학습자의 기억능력과 학습실용능력을 향상합니다. 클로징을 할 때 학습자들이 어떠한 질문도 하지 않거나 질문한 내용에 대해 대답할 수 없다면 그건 교수자가 강의 내용을 제대로 전달하지 못했거나 학습자가 제대로 배우지 못했다는 방증입니다.

에빙하우스의 망각곡선에 따르면 학습자는 20분이 지나고부터 학습 내용을 잊기 시작합니다. 반복학습을 할 때에는 학습을 20분 하고 복습을 2분 정도 하는 동료교수법이나 리뷰하는 시간을 가지는 것이 좋습니다. (요즘은 교수자의 강의 내용을 10분 혹은 15분으로 청킹 하기도 합니다.)

여러분은 한 시간 수업을 진행하거나 강의 준비를 할 때 어떻게 청킹을 하시나요? 수업 전체를 한 덩어리로 묶어 강의를 끝내고 난 뒤 "혹시, 질문 있는 사람?" 하고 끝내지는 않는지요? "추가적인 질문이 있나요?"라고 하거나 "질문 없지?" 또는 시간이 다 되어 기억에 남을 만한 창의적인 클로징 없이 "오늘은 여기까지 끝!" 정도로 마무리하고 있지는 않습니까?

효과적인 클로징 액티브 러닝의 예를 들어보겠습니다.

청킹을 통한 학습 내용 쪼개기의 목적은 액티브 러닝입니다. 학습자 중심의 참여학습이지요. 서론, 본론, 결론으로 이루어진 학습을 끝낼 때마다 어떻게 반복학습을 계획할 수 있을까요?

먼저, 강의가 15분 정도 진행되면 잠시 강의를 멈추고 3인 1조로 학습 팀을 구성합니다. A는 지각생입니다. 이 경우 교수자는 B에게 서론의 핵심 내용을 1분 안에 설명해주라고 말합니다. 이때 C가 A와 B의 동료교수법 내용을 듣고 보완해주는 역할을 한다면 최고의 동료교수법이 될 것입니다.

다시 본론 강의가 시작되고 15분이 지난 후 이번에는 역할을 바꾸고 동료교수법을 활용하여 리뷰해볼 수 있습니다. 교수자의 학습 내용을 제대로 이해하고 수업에 참여한 학습자라면 에너지가 넘치고 제대로 된 질문을 쏟아낼 수밖에 없을 것입니다. 이렇게 한 시간의 수업에 2~3회 정도 복습을 이어가는 반복학습 기술을 활용한다면 기억능력과 학습활용능력이 강화될 수밖에 없을 것입니다.

많은 사람들 앞에서 강의나 프로그램을 진행하는 사람은 마무리로 사용하는 효과적인 종료기법을 항상 몇 가지씩 가지고 있습니다. 그중 그때그때의 상황에 따라 적절한 클로징 멘트를 꺼내 사용합니다.

끝이 좋아야 모든 것이 좋다고 합니다. 어떻게 하면 좀 더 효과적으로 끝맺음을 할 수 있을까요? 모든 학습 진행자가 클로징 멘트를 위해 항상 고민하며 수많은 자료를 찾기 위해 노력합니다. 모든 강의와 모임에서 클로징 멘트나 효과적인 종료를 위한 스팟, 아이스브레이크 활동 하나가 전체를 정리해주며 의미를 되살려주고 학습자의 기억에 오래 남는 영향력을 발휘합니다.

교수자들은 짧고 의미 있는 클로징을 위해 다양한 자료를 만들고 연결합니다. 보통은 전체 내용을 강조해줄 수 있는 짤막한 이야기로 마무리합니다. 또는 속담이나 격언, 잘 알려진 문구를 인용하면서 끝을 맺고, 강의 내용이나 학습 상황에 맞는 시를 낭독하거나 주제를 대신해줄 수 있는 예를 들면서 끝내기도 합니다. 왜 이런 다양한 시도를 할까요?

A.C.T하게 클로징을 계획하라!

왜 효과적인 클로징이 필요할까요? 강의는 끝났는데 학습 참가자들이 무엇을 배웠는지 기억하지 못한다는 사실을 아시나요?《성공하는 사람들의 7가지 습관》중 두 번째 습관은 '끝을 생각하고 시작하라'입니다. 오늘 수업이나 강의의 목적을 생각하면서 강의를 시작한다면, 당연히 클로징에 가서 어떤 학습 목표가 이루어지고 잘 전달되었는지 물어보고 확인하는 과정이 필요할 것입니다.

시작도 중요하지만, 끝은 더 중요합니다. 모든 일과 만남이 그렇고, 학습도 그렇습니다. 강의에서도 학습자들에게 오래오래 기억에 남을 수 있는 효과적인 종료기법이 필요합니다. 시간에 쫓기면 자칫 제대로 된 마무리 없이 뭔가 찜찜하게 아쉬움과 어수선함으로 강의가 끝날 수도 있습니다. 학교 수업에서도 진도를 맞춰 열심히 강의를 했다고 하더라도 나중에 학생들의 기억에 아무것도 남지 않고 이해도 잘 못한다면 진도 나가기가 무슨 의미가 있겠습니까?

그러면 어떻게 클로징을 할까요? 밥 파이크가 말하는 효과적인 종료를 위한 세 가지 핵심요소 A.C.T를 활용하여 클로징을 하는 방법도 효과가 높다고 생각합니다.

① 효과적인 종료를 위한 활동 계획을 세우는 것입니다Action Planning.

② 효과적인 종료를 위해 축하와 응원 계획을 세우는 것입니다 Celebration. 수업 과정을 통해 학습자들 간에 축하를 주고받게 함으로써 인정, 칭찬, 동기부여, 응원을 해주는 시간을 계획합니다.

③ 학습한 내용을 연결하거나 관련지어 서로 묶는 것입니다Tie things together.

좋은 마무리 기법으로서 A.C.T는 학습자들을 ACTor로 만드는 효과가 있습니다.

많은 교사와 강사에게는 수업을 마무리할 때 학습자를 위한 배려와 반복학습, 기억능력 강화를 위해 사용하는 자기만의 효과적인 종료기법이 있습니다. 그때그때의 상황에 따라 적절한 클로징 멘트와 함께 성공적인 끝마무리를 계획하지요. 클로징은 우리가 가르치려고 했던 것이 학습되었는지 확인하는 것 외에도 다양한 목적을 가집니다. 그러나 많은 교수자에게 클로징은 종종 무시되거나 간과되곤 합니다. 다양한 클로징 사례를 연구하여 나만의 클로징에 대한 아이디어를 찾고 수업설계를 해보세요. 학습자는 교수자의 수업을 듣고 난 뒤 아직 자기 것이 아닌데도 이미 배워서 다 알고 있다는 착각을 합니다. 어떤 내용을 완전히 숙지하는 것과 숙지한 것을 가르치는 것은 다릅니다.

교수자가 체계적으로 다시 정리해주는 것(복습)을 넘어 학습자들끼리 자기가 학습한 내용을 스스로 얼마나 알고 있는지 확인하기 위해 몇몇 동료를 방문하면서(재방문) 학습한 내용을 자기 것으로 만드는 것도 필요합니다. 강의 시간은 조금 더 걸리겠지만 이를 통해 학습자의 학습 태도가 달라집니다.

맵MAP: Magic Action Plan은 강의 처음부터 학습의 효과적인 진행과 기억률을 높이기 위해 계획된 학습 도구입니다. 강의가 끝난 후 활용할 액션 플랜, 즉 행동계획을 세우는 순간 신기하게도 매직이 일어납니다. MAP을 통해 학습자들 간에 3인 학습, 동료교수 학습, 하브루타 학습처럼 자연스러운 반복학습의 효과를 끌어낼 수 있습니다. 또한 학습자들 간에 학습 촉진과 학습 공유, 전이학습 효과를 높일 수 있습니다.

러닝 맵

두잇나우 (지금 당장 사용할 수 있는 것)	세렌디피티 (행운을 가져다줄 수 있는 것)

맵의 목적은 학습자가 수업을 듣고 이를 현장에서 적용하고 삶에도 활용할 수 있는 행동계획을 세우도록 위의 시트를 잘 활용하게 하는 데 있습니다. 맵 시트는 강의나 수업에서 참여를 끌어낼 도구로 활용하기 위해 만든 자료입니다.

두잇나우Do it Now 부분에는 수업을 들으면서 새롭게 깨닫고 알게 된 내용과 중요하다고 생각하는 내용을 중심으로 지금 당장 삶에 적용할 수 있는 자신의 결심이나 약속 같은 행동계획을 기록합니다. 세렌디피티 부분에는 지금 당장은 아니더라도 도움이 될 것 같은 내용을 기록합니다. 이때 도움이 될 것 같은 내용이란 깔끔하게 정리가 되어 이해한 것은 아니어서 지금 당장 자신의 삶에 적용하기는 어렵지만, 기록해놓으면 언젠가 나에게 도움을 주고 좋은 아이디어와 행운이 일어나게 될 것 같은 내용을 말합니다.

이처럼 수업이나 강의의 시작과 동시에 나에게 도움이 되고 당장 활용할 수 있는 내용을 기록하고, 한편으로는 잘 이해가 되지 않지만 중요하다고 생각하는 것들을 세렌디피티 공간에 단서로 남겨가며 강의를 듣도록 이해를 시킨다면 두잇나우나 세렌디피티는 학습자에게 좋은 도구가 될 것입니다. 클로징 기법의 하나로 맵 시트를 사용하면 마술이 일어나는 경험을 하게 됩니다. 교수자가 서론, 본론, 결론으로 이루어지는 한 시간의 강의나 수업을 10분에서 15분의 의미 덩어리로 청킹을 해서 각 덩어리가 끝날 때마다 맵으로 동료들과 하브루타식의 대화, 토의를 하도록 짧은 시간을 주면 반복학습과 학습 전이가 이루어지는 경험을 하게 됩니다.

개인적으로 저는 책을 읽거나 강의를 들으면서 맵을 기록합니다. 지금 당장 강의 내용에 써먹을 수 있는 것들은 두잇나우에 기록을 하고, 잘 듣고 읽었는데도 이해가 잘 안 되지만 중요하다고 생각하는 것들은 세렌디피티 쪽에 이해한 만큼 실마리로 단어나 그림이라도 남겨놓으면 그 기록을 근거로 나중에 행운 같은 일을 경험하기도 합니다. 이때 맵은 My Action Plan으로, 다양한 학습 경험을 소비하는 것으로 끝나지 않고 활용하고 생산할 수 있는 장치의 하나로 탈바꿈합니다. 이는 책을 쓸 때, 강의 교재와 강의안을 만들 때 훌륭한 도구가 됩니다.

매 시간 클로징을 계획하는 것은 기억능력을 높이는 데 효과적입니다. 가능하다면 교수자가 학습 전달 내용을 서론, 본론, 결론으로 청킹을 하고 매 시간이 끝날 때마다 다양한 방법으로 학습 참가자들끼리 만나서 기억능력과 학습능력이 지속적으로 이어지게 하면 좋습니다. 학습 시간 동안 교수자에게 들은 것을 스스로에게 적용하여 어떤 결심과 행동계획을 세웠고 새롭게 알게 된 사실과 내용이 무엇인지 다른 학습자들을 찾아다니며 서로 공유하게 하는 것도 좋은 클로징 방법 중 하나입니다.

학습(수업) 촉진 효과는 언제 일어나는가?

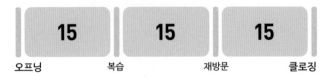

오프닝	복습	재방문	클로징
15	**15**	**15**	

강의(학습) 촉진 효과는 언제 일어나는가?

| 15 | 15 | 15 |

오프닝　　복습　　재방문　　클로징

참여학습, 학습 촉진, 학습 공유, 전이학습
몰입학습과 학습 동기가 지속적으로 유지

　학습 기억률을 높이는 클로징과 참여와 소통을 위한 복습, 재방문은 이전 학습 경험과 이후 학습 경험을 연결해주는 효과적인 교수-학습 전략입니다. 클로징 이야기의 서론에서 말한 것처럼 학습이 일방적인 전달로 끝나지 않으려면 한 시간의 학습에서 어떻게 복습과 재방문 전략을 계획하고 활용할 것인지 고민해야 합니다. 복습은 학습자가 하는 겁니다. 그러므로 학습자 중심의 학습 촉진을 계획하여 학습자 간, 학습자와 학습 내용 간, 학습자와 교수자 간 상호작용을 통한 반복학습을 시행합니다. 이 반복학습은 학습 참여와 학습 공유에 더 집중하고 몰입할 수 있는 학습 촉진으로 이어집니다.

　교수자에게는 교수자와 학습자 간 반복학습을 위한 짧고 강력한 요약이 필요합니다. 어떤 내용이 중요한지 이해하고 넘어갈 계획을 세우고 재방문하게 하는 ACT가 중요합니다. 맵을 활용할 수도 있고, 윈도 패닝을 활용할 수도 있습니다. 아주 간단하게는 포스트잇으로 반복학습이나 방문학습을 계획하는 것도 좋습니다.

강의가 진행되는 서론, 본론, 결론의 15분과 15분 사이에 복습과 재방문을 효과적으로 계획한다면 이전 학습 경험과 이후 학습 경험을 연결하는 전이학습 효과를 얻을 수 있습니다. 동료 기반 학습을 통해 학습 공유가 일어난다면 자연스러운 학습 참여와 학습 촉진으로 학습 동기가 지속될 것입니다.

5 윈도 패닝을 효과적으로 계획하라!

"사람은 어떤 아이디어(학습한 콘텐츠)를 한 번 접하면 30일 후 약 10퍼센트를 기억한다. 하지만 같은 아이디어를 간격을 두고 6회 접하면 30일 후 약 90퍼센트를 기억한다."_앨버트 메라비언

학습을 마무리하는 클로징에 활용하면 효과적인 학습 정리와 학습 촉진 도구를 소개합니다. 다양한 윈도 패닝 기술을 적극 활용할 수 있다면 강의 중에 반복학습, 재학습이 가능합니다. 일명 '창틀 채우기'로 불리는 윈도 패닝은 학습자가 학습한 내용을 간단한 그림이나 의미 있는 단어 또는 기호를 써서 직접 그리거나 기록하는 것을 말합니다. 자기만의 윈도 패닝을 만들어 학습자 모두가 참여하고 학습을 공유하는 학습 촉진 기술은 효과적인 클로징 기법입니다.

윈도 패닝이란 무엇인가요? 이 용어를 처음 듣는 분들을 위해 윈도 패닝 창틀에 윈도 패닝에 관한 내용을 채워보았습니다. 초성으로 처리된 내용에서 어떤 단어가 떠오르나요? 핵심 단어나 그림을 쓴 자기만의 기호로 학습 내용을 표현하여 창틀을 채울 수 있습니다.

"말로 할 수 없는 것은 모르는 것이다!" 이런 말이 있지요. 1시간 동안 수업을 들었는데 금방 들은 내용인데도 자기 말로 설명할 수 없다면 그건 정말 모르는 것이지요. 창틀 채우기를 통해 짧은 시간 동안 정리한 윈도 패닝 시트를 가지고 아는 만큼, 이해한 만큼 동료들에게 설명하면서 이야기를 나누다 보면 다양한 사고 활동과 보충 학습의 기회가 될 것입니다. 말하자면 교수자의 강의 내용을 토대로 자기만의 언어로 기록한 윈도 패닝을 가지고 적극적 학습 공유 및 학습 촉진이 일어납니다. 이해되지 않았던 교수자의 일부 언어가 동료들의 언어로 정리되어 복습 활동이 이루어짐으로써 효과적인 복습과 재방문 활동을 거쳐 동료 기반 학습까지 가능해진 것입니다.

윈도 패닝을 정확하게 정리하면 수업의 클로징이나 연결되는 수업을 할 때 오프닝에서도 이전 학습과 이후 학습의 정보를 연결하는 학습 도구로 효과 만점입니다. 학습자는 약간의 시간만 투자하면 자기가 학습한 내용을 직접 정리하고 그림을 그려서 기록으로 남기고, 그 내용을 더 잘 기억할 수 있습니다.

윈도 패닝을 할 때 9칸을 꼭 다 채울 필요는 없습니다. 학습 분량과 학습자에 따라 4칸, 6칸 또는 A4 용지를 반으로 접어 생긴 2칸에 학습한 내용을 그리거나 의미 단어로 기록하여 함께 공유하며 학습력을 높일 수 있습니다. 앞서 말한 것처럼 윈도 패닝은 클로징에서뿐만 아니라 오프닝 기술로도 매력적입니다.

6 창문 채우기를 계획하라!

창문 채우기windowpane는 1944년에 케이건Kagan이 학습자의 개성과 공통점을 기반으로 토의 및 토론을 하고 의사결정을 하는 데 사용하는 학습 도구로 개발했습니다. 창문 채우기는 오프닝이나 클로징에서 학습 내용 이해를 촉진하고 학습 공유가 일어나게 하는 데 효과적인 도구입니다. 액션 러닝이나 퍼실리테이팅에서 활용 가능한 프레임워크의 하나로 쓰일 수 있으나 윈도 패닝과 함께 또 다른 창문 채우기 방법을 활용하는 것도 효과적이라고 생각하여 여기에서 소개합니다.

먼저, 학습 팀을 4명으로 구성하고 창문 워크시트를 한 장 나누어 줍니다. 각자에게 주어진 창문에 이번 주에 학습한 내용(지난주에 학습한 내용을 기억하는 것도 좋습니다) 중 자기가 중요하다고 생각하는 학습 내용을 적고 다른 팀 구성원에게 설명합니다. 창문 가운데 칸에는 각 주 차의 수업 주제나 단원 목표를 적고 창틀에 자신이 이해

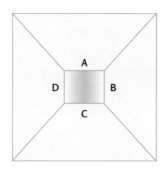

한 주요 내용을 각각 적습니다. 이렇게 하다 보면 창문 채우기는 다른 동료들과 동료학습의 기회를 가질 수 있는 학습 도구가 될 것입니다.

같은 강의 내용을 들어도 사람마다 이해 정도가 다르기 때문에 다른 동료의 의견이나 생각일지라도 자기 생각을 설명하고 풀어나가다 보면 반복 한습, 학습 공유, 학습 촉진의 기회가 될 수 있습니다. 단, 앞사람의 내용과 비슷해요, 똑같아요 하고 넘어가는 일이 없도록 창문에 기록하기에 앞서 포스트잇에 자기 생각, 질문, 주요 내용을 미리 적을 수 있는 시간을 줍니다. 기록이 끝나면 4명이 함께 창문에 포스트잇을 붙이면서 창문 채우기 학습 공유를 시작하면 좋습니다.

사자성어 퍼즐 게임으로 의미 있는 클로징을 계획하라!

강의를 진행하다 보면 학습자는 강사가 강의한 대로만 받아들이고 최소한의 내용만을 기억합니다. 서론, 본론, 결론, 혹은 첫째, 둘째, 셋째로만 기억하고 활용하는 것입니다.

이를 탈피하기 위한 클로징 기법의 하나로 사자성어를 활용하는 방법이 있습니다. 일, 이, 삼, 사, 오, 육, 칠, 팔, 구, 십으로 시작하는 사자성어를 말해보게 하면 어떤 일이 일어날까요? 일석이조, 이심전심, 삼십육계 등 기억 속에 있는 단어들이 무의식적으로 막 튀어나올 것입니다. 이는 배우고 학습한 것을 좀 더 자신에게 적용하기 위한 학습 촉진 방법으로 활용할 수 있습니다.

개요 "일 이 삼 사 오 육 칠 팔 구 십", 이 숫자들만큼 우리 일상에서 많이 사용하는 단어도 없을 것입니다. '사자성어 퍼즐게임'은 학습자에게 자신감과 용기를 북돋아주기 위해서 클로징에 사용하면 효과적인 게임입니다. 여기에 진행하는 교수자가 깊이 있는 준비로 멋진 스토리텔링이나 경험담을 더한다면 클로징은 더없이 감동적이고 의미 있을 것입니다.

준비물 전체가 볼 수 있는 PPT 자료나 개인별 혹은 팀별로 나누어 줄 수 있는 시트

진행 방법

① 진행자는 첨부자료를 나눠 주거나 파워포인트 자료를 보여주면서 옆에 앉은 학습 파트너와 함께 의논해서 '일, 이, 삼, 사, 오, 육, 칠, 팔, 구, 십'으로 시작하는 사자성어를 빈칸에 써넣으라고 요청합니다.

② 어떤 사자성어가 떠오르는지 파트너(혹은 팀)와 이야기를 나누면서 서로 의논하여 사자성어를 10개 완성해야 한다고 말합니다. 참가자 전체가 끝나가는 것을 확인한 뒤에 다음 단계를 진행합니다.

③ 진행자는 '일'을 시작으로 첫 음절을 외치면서 어떤 사자성어를 찾아내었는지 불러달라고 요청합니다. 예를 들면 '일' 하고 외치면 학습 참가자들이 여기저기서 일사천리로 자신 있게 사자성어를 불러줍니다. 일취월장, 일거양득, 일석이조, 일벌백계, 일사불란, 일장춘몽, 일촉즉발, 일확천금 등 약 30초 만에 집단지성의 힘에 자극받아 알고 있던 사자성어가 쏟아져 나옵니다. 여러분은 어떤 사자성어를 생각하고 있었나요?

④ "'이'로 시작하는 사자성어는 뭐가 있지요?" 물어보면 기다렸
   다는 듯이 이구동성으로 사자성어가 쏟아져 나옵니다. 이심전
   심부터 이팔청춘, 이합집산, 이왕지사, 이실직고, 이목구비, 이
   이제이, 이판사판까지 다양합니다.

⑤ 이런 식으로 계속해서 진행하다 보면 학습 참가자들이 점점
   적극적으로 변해가는 모습을 확인할 수 있습니다.

⑥ 완성충동! 아시지요? 빈칸을 채워야 직성이 풀리는 심리를 이
   용한 문제는 언제나 학습자의 참여 욕구를 채우고도 남습니
   다. 여러분도 맞혀야 직성이 풀리는 심리를 작동시켜 빈칸을
   채워보시지요.

⑦ 이때 강사는 "지금 여러분이 불러준 이 사자성어들은 '일, 이,
   삼, 사, 오, 육, 칠, 팔, 구, 십'이라는 제시된 문제에 따라 알고 있
   던 단어들이 그냥 떠오른 것이지요. 그럼 여러분에게 두 번째
   음절까지 알려줄 테니 이 10개의 사자성어가 어떤 의미와 공통
   점을 가지고 있는지 생각하면서 팀별로(파트너와) 브레인스토밍
   을 해보시기 바랍니다"라고 요청하고, 다음을 제시해줍니다.

```
일편□□   육도□□
이란□□   칠전□□
삼고□□   팔방□□
사생□□   구사□□
오매□□   십벌□□
```

⑧ 사자성어(고사성어)만큼 함축된 스토리와 메시지를 지닌 단어
도 없습니다. 우리가 알고 있는 사자성어들을 채우면서 여기
저기서 참가자들이 외치던 앞 상황과 다르게 학습자는 두 번
째 단어까지 제시되면 다음에 오는 사자성어를 퍼즐 맞추듯이
흥미를 느끼고 몰입하기 시작합니다. 성실하게 학습한 내용에
서 한 단계만 더 사고를 확대하면 학습 내용과 활용능력이 달
라지는 것을 경험하게 될 것입니다. 이렇게 생각지도 못한 새
로운 단어와 아이디어를 발견하는 기쁨이 있습니다.

클로징은 오프닝과 달리 참가자가 전체 학습에 대한 복습과 반복
학습을 할 수 있는 마지막 시간입니다. 사자성어 퍼즐 게임을 통해
학습자에게 일편단심 민들레와 같은 끈기와 오기, 패기, 투지를 가
지고 이란투석(이란격석)과 같이 불가능에 도전하는 용기를 주는 스
토리를 전하면 어떨까요? 꿈과 목표를 좇는 삼고초려, 생과 사를 넘
나드는 사생결단, 칠전팔기와 구사일생으로 살아남은 자신의 체험
담을 통해 현재의 모습을 되돌아보며 감사를 느낄 수 있습니다.《육

도삼략》은 역사상 가장 유명한 전설의 낚시꾼이었던 강태공의 가르침을 담은 중국의 오래된 병서의 이름으로 사자성어처럼 쓰이고 있습니다. 무슨 일이든 비책과 전략을 가지고 덤벼야지 대충 덤벼들어서는 원하는 것을 얻을 수 없겠지요. 교수자는 수업을 정리할 때 학습자가 전달된 내용을 1, 2, 3(첫째, 둘째, 셋째) 식으로 수동적으로 받아들이지 않고 조금 더 자기 성찰과 결심을 담아 정리할 수 있도록 학습을 촉진하며 동기를 부여하는 시간으로 마무리할 수 있습니다.

"아, 잠깐만요. 일, 이, 삼, 사, 오, 육, 칠, 팔, 구, 십 다음에 백으로 시작하는 사자성어가 떠오르나요?" 질문해보세요. 백? 백전백승, 혼비백산, 백전노장, 독서백편도 좋습니다. 백년가약, 백척간두, 일벌백계, 모두가 백발동안으로 강의하며 지식노동자로 백절불굴하기를 응원합니다. 코로나19 팬데믹, 기후변화로 인한 천재지변, 경기침체, 그 밖에 어떤 어려움에도 굴하지 않고 백절불굴의 정신과 자세를 가지고 살아가면 천우신조의 행운아가 될 것입니다.

8

Is & Is Not 게임으로 개인과 팀업을 계획하라!

나에게 있는 것과 없는 것, 우리 팀에 있는 것과 없는 것, Is & Is Not 게임으로 개인과 팀을 업그레이드할 수 있는 클로징을 계획해 보세요.

다음에 주어진 단어들의 공통점은 무엇일까요? 30초 정도의 시간을 주면 다양한 공통점을 말합니다. 몇 초의 시간이 흐르면서 참가자들은 힘력ㄲ 자가 들어간 단어, 인간관계에 관련된 단어, 팀에 필요한 덕목 등 여러 가지 공통점을 말하며 참여하기 시작합니다. 이 책을 읽는 여러분도 다음 단어들의 공통점이 무엇인지 생각해보세요. 뭔가 행동해야 하고, 성취해야 할 단어들이기도 하지요.

Is & Is Not

마음력	유머력	집중력	창조력	부자력	도전력	지두력
돌파력	간파력	사교력	질문력	청소력	다통력	일언력
즉전력	관리력	공부력	기획력	실행력	예능력	변인력
행동력	가설력	친밀함	초격차	타이밍	초이스	순리자
초의식	노력론	아첨론	해피어	혼창통	역행자	에이블
평상심	리더십	보살핌	자존심	밸런스	파이어	엑시트
자신감	트리거	말공부	프레임	레드팀	통게임	말센스

시간이 조금 더 지나면서 "세 글자 단어들이다", "리더십에 필요한 가치들이다", "긍정적인 말이다", "세 음절로 된 단어들이다"와 같은 여러 의견이 나옵니다. 여러분은 어떤 공통점이 보이나요? 와우, 맞습니다! 잘 살펴보면 우리가 서점에서 많이 보았던, 세 글자로 된 책 제목들이 보일 겁니다.

자, 그럼 이제 이 단어들 중에 나에게 있는 것들에 동그라미 표시를 해보세요(5개 정도). 그리고 나에게 없는 것은 무엇인지 삼각형으로 표시를 해보세요(2~3개 정도). 이렇게 확인한 내용을 가지고 옆에 있는 동료와 함께 나에게 있는 것, 나에게 없는 것을 서로 이야기하는 하브루타 시간을 가지며 클로징 스토리텔링을 하는 시간을 계획합니다.

또한 "우리 팀에 있는 것, 우리 팀에 없는 것은 무엇인가?"라는 질문을 던져보면서 팀워크, 팀빌딩을 위해 우리 팀에 필요한 것이 무엇인지를 토론하는 시간으로 활용할 수도 있습니다. 한 금융기관에서 1박 2일 CS캠프를 할 때의 일입니다. 본 강의에 들어가기 전에 Is & Is Not 게임을 하다가 우리 팀에 없는 것에 대해 팀원들이 말했습니다. 우리는 친밀함이 없는 것 같고, 창의성과 실행력도 없고, 리더십도 없는 것 같다는 등 이야기가 나왔습니다. 그때 지점장이 일어나서 밖으로 나가자 갑자기 분위기가 얼어붙었습니다. 잠시 후 지점장이 초코파이 한 더미에 촛불 하나를 꽂아서 들고 들어와 자리에 앉으며 말했습니다. "제가 좀 더 적극적으로 친밀감 있게 마음을 열고 소통하면서 리더십을 발휘해보겠습니다. 우리 다시 파이팅 합시다"라며 분위기를 활기차게 만들어 모임을 이어갔습니다. 지점장의 유머와 절묘한 타이밍이 돋보이는 장면이었습니다.

책을 10권 읽으면 말을 하고 책을 100권 읽으면 질문을 한다고 합니다. 그렇다면 책을 1,000권을 읽으면 어떻게 될까요? 상상을 해봅시다!

질의응답은 강의를 종료할 때 학습자가 스스로 정리할 수 있는 시간을 갖게 하는 효과가 있습니다. 특히 짧은 시간에 일방적인 전달식 강의였다면 질의응답 시간이 더욱 필요합니다. 학습 참가자들의 질문이나 궁금증을 토대로 강의 내용을 하나하나 풀어나가는 질의응답 시간을 통해 강의를 명강의로 만들 수 있습니다.

먼저, 학습자에게 강의에서 기대하는 것이 무엇인지, 강의를 통해서 얻고 싶은 것이 무엇인지, 무엇이 가장 궁금한지를 질문해보세요. 다양한 참가자의 질문을 10~15개 정도 받은 후 비슷한 것들끼리 묶은 뒤 5~7개 정도의 질문을 가지고 하나하나 그 질문에 대한 강사의 견해를 들려주면서 학습 참가자들과 대화 형식으로 강의를 진행해 나가는 것도 좋은 방법 중 하나입니다.

질의응답 시간은 다양하게 계획할 수 있습니다. 예컨대 강의가 끝난 후 교수자의 강의 내용을 기반으로 팀별로 질문을 만들게 합니다. 팀원들이 각자의 질문을 포스트잇에 써서 강의 내용 중 이해되지 않은 것들을 서로 이야기하며 하나의 팀 질문으로 모아갑니다. 그 과정에서 동료들의 질문을 공유하면서 질문력이 개발됩니다. 질문을 모으면 팀별로 하나씩 질문하고 다른 팀들이 그 질문에 대해 대답하는 방식으로 진행합니다. 동료들끼리 질문하고 응답하는 의미 있는 토의 및 토론 시간이 만들어집니다.

중꺾마! 중요한 것은 꺾이지 않는 마음이라고 하지요. 오프닝이나 클로징의 특성상 짧지만 멋진 말은 학습자의 마음과 생각을 움직이는 힘이 있습니다. 인용은 강사의 강의에 권위를 더합니다. 강사가 강조하는 내용이 강사만의 생각이 아니며, 같은 생각과 말을 한 전문가가 있다는 사실을 보여주기 때문입니다.

나의 강의에 참석한 학습자들은 누구인가요?, 그들은 누구의 말을 더 신뢰합니까? 기회가 있을 때마다 좋은 인용구절을 모아두는 것도 좋은 방법입니다. '아무것도 하지 않으면 아무 일도 일어나지 않는다!' 책 제목이기도 하지요.

'행동 없는 행복은 없다!' _윌리엄 제임스
'선 善한 사람들의 무관심이 악 惡을 키운다' _에드먼드 버크
'광신자들이 열성을 부리는 것도 수치스러운 일이지만, 지혜를 가진

사람이 열성을 보이지 않는 것 또한 수치스러운 일이다.' _볼테르

'아이들은 교육을 받으면 누구나 다 인재가 될 수 있다.' _빅토르 위고

'천재는 영원한 인내이다.' _미켈란젤로

'낡은 지도로는 새로운 세상을 탐험할 수 없다.' _아인슈타인

'요가는 내적 수련이 전부이다. 그 외의 것은 곡예에 불과하다.' _파타비
조이스

'사진 한 장이 천 마디 말보다 낫다.' _미국 속담

'의지와 상상력이 대결하면 늘 항상, 언제나 상상력이 이긴다!' _세렌디피터

'다른 게임에 소모하지 말고, 자기 게임에서 이겨라.' _세렌디피티

'리더는 희망을 파는 상인이고 비전은 그들의 화폐이다.' _나폴레옹

'에듀테크는 단어에서 볼 수 있듯이 교육edu이 먼저이고, 기술tech은
그 뒤를 따른다.' _세렌디피터

'책은 근거 없는 내 생각이고, 논문은 근거 있는 내 생각이다' _세렌디피터

'인간은 항상 시간이 모자란다고 불평하면서 마치 시간이 무한정 있
는 것처럼 행동한다.' _세네카

'좋은 책을 읽고도, 감동을 받고도, 삶이 바뀌지 않는다면 참으로 안쓰
러운 일!' _노희경 작가

'세상은 고통으로 가득하지만, 한편 그것을 이겨내는 일들도 가득 차
있다.' _헬렌 켈러

'만용은 충성심으로 간주되고 신중함은 비겁자의 핑계가 되었다.' _《펠로
폰네소스 전쟁사》

'역사는 사실을 기록하는 데서 출발해 과학을 껴안고 예술로 완성된다.'
_아널드 토인비

'아는 것을 안다고 하고 모르는 것을 모른다고 하는 것, 그것이 곧 앎이다.' _공자

'강한 것이 이기는 것이 아니라 포기하지 않는 것이 이기는 것이다.' _김성근 감독

'성공한 사람들은 더 좋은 질문을 만들고 그 결과 더 좋은 해답을 얻는다.' _토니 라빈스

'창의성이란 무언가를 연결하는 능력이다.' _스티브 잡스

'Knowledge speaks, Wisdom listens!' _지미 헨드릭스

'When Wisdom Speaks, Knowledge listens!' _지미 헨드릭스

'자신을 사랑하는 것이야말로 평생 지속되는 로맨스이다!' _오스카 와일드

'사람들은 서로 끓는 온도가 다르다.' _에머슨

'철이 철을 날카롭게 하듯이, 친구가 친구의 얼굴을 빛나게 한다.' _《잠언》

11 멋진 시구와 카피 같은 문장으로 마무리를 계획하라!

학습자에게 진한 감동을 주는 시를 준비하세요. 시 낭송으로 강의 마무리에 학습자의 가슴에 잔잔한 여운을 남길 수 있습니다.

"더 열심히 그 순간을 사랑할 것을

모든 순간이 다아

꽃봉오리인 것을

내 열심에 따라 피어날

꽃봉오리인 것을!"

_정현종의 〈모든 순간이 꽃봉오리인 것을〉 중

한 발짝 더 카피처럼 다가서라!

"If your pictures aren't good enough, you aren't close enough!"

_로버트 카파

199

여러분, 이 문장을 옆에 있는 동료들과 함께 해석해보면서 무슨 의미인지 서로 말해보세요. 이 문장을 번역하다 보면 학습자들은 지금 하고 있는 학습과 일에 조금 더 가까이 다가서야겠다는 결심을 하게 됩니다. 좀 더 충분한 시간을 가지고 학습해야겠다고 생각합니다.

"당신이 찍은 사진이 충분하지 않다고 생각한다면, 당신은 충분히 가까이 가지 않은 것이다!" 짧지만 멋진 말, 명언, 카피 같은 문장을 수집하는 노트를 활용한다면 정서적인 교류를 하며 클로징을 근사하게 계획할 수 있습니다.

　많은 강의, 드라마, 영화, 다큐가 의미와 기억을 오래도록 남기기
위해 감동적인 휴먼 스토리를 활용합니다. 인간 승리와 감동의 순
간을 활용한 클로징 기법입니다. 이 기법은 휴먼 스토리나 나의 이
야기를 강의 내용과 연결해서 학습자에게 동기를 부여하고 그들이
결심하게 하는 장면으로 영상, 이미지, 스토리를 활용합니다. 스포
츠인의 인간 승리, 예술인의 노력과 끈기는 수많은 강사의 클로징
스토리로 활용되어왔습니다. 스티브 잡스의 연설부터 이솝우화의
거북이와 토끼의 경주까지 감동적인 스토리에는 교훈과 비유와 가
치를 전달할 수 있는 풍성한 내용이 담겨 있습니다.

　이런 휴먼 스토리를 선택하고 결정하려면 꾸준하게 독서를 하고
영화를 보며 자료를 모아야 합니다. 책이나 영화, 다큐를 통해 휴먼
스토리의 내용을 경험하면서 언제, 어느 장면에 효과적으로 활용할
것인지를 선택하는 작업을 해야 합니다.

13 학습자의 자신감과 만족감 향상을 위한 MMFI-AM 클로징을 계획하라!

학습자들이 수업에서 활용하는 MMFI-AMMake Me Feel Important About Myself 주파수가 무엇인지 아세요? 켈러의 ARCS 모델을 활용한 자신감confidence과 만족감satisfaction을 클로징 관점에서 바라보면 효과적인 마무리를 할 수 있는 아이디어를 얻을 수 있습니다. 수업이 끝나갈 즈음에 학습자들에게 할 수 있다는 느낌, 자신감을 어떻게 하면 전할 수 있을까요?

사람들은 자신에 대해 긍정적으로 평가하는 경향이 있습니다. 그런 긍정성을 잘 활용한다면 교수자는 학습자들에게 적극적 참여를 끌어내고 학습에서 자기 효능감을 높일 수 있습니다. 학습자의 필요와 목표에 걸맞은 정보 제공으로 강의를 시작하면서 학습 참여에 흥미를 가지게 하면 학습에 대한 자신감, 자기 자신에 대한 확신, 자부심이 높아지게 됩니다. 그래서 시작이 반입니다. 또한 끝이 좋아야 모든 것이 좋은 법입니다.

할 수 있겠다는 성공 체험을 가질 수 있도록 긍정적인 피드백과 함께 참여 학습을 촉진합시다. 학습자는 수업을 들으면서 WII-FM 주파수로 시작하지만, 수업이 진행되면서 MMFI-AM 주파수를 통해서 자신을 돌아보며 자신감과 만족감을 얻습니다.

수업 중 학습자의 MMFI-AM 주파수는 무엇을 말하는 걸까요? '내가 꽤 괜찮은 사람이구나, 나도 할 수 있겠다'고 자기 자신에 대해 느끼고 스스로를 중요한 사람이라고 인식하며, 인정받고 칭찬받는 것에 부담을 느끼지 않고 인정욕구를 효과적으로 활용하는 것을 말합니다. 교수자의 긍정적인 피드백과 인정 그리고 칭찬과 격려는 학습자가 적극적으로 수업에 참여하도록 북돋우는 요소로 작용합니다.

학습자가 스스로 자신에 대해 중요한 사람이라는 느낌을 가지게 하는 것이 왜 중요할까요? '나는 할 수 없겠구나', '나는 역시 부족해'와 같은 (학습된) 무력감에 빠지지 않게 하는 것은 수업에서 학습자의 관심을 끌어내는 데 중요한 요소입니다.

만족감과 더불어 어떻게 학습자의 성취심리를 강화할 수 있을까요? 학습이 진행되면서 만족감을 느끼고 학습 동기를 지속할 수 있는 성취심리를 주는 것은 학습에 대한 내재적 동기를 부여하는 데 중요한 단초를 제공합니다. 흔히 단순한 재미와 근거 없는 긍정성, 칭찬, 상품 남발, 일찍 끝내기가 학습자를 위한 외적인 동기부여로 사용되지만 이는 잘못하면 부정적인 피드백으로 작용할 수 있습니다. 켈러의 ARCS 모델과 MMFI-AM 주파수를 잘 활용하여 클로징에 대한 효과적인 계획을 세운다면, 학습자의 학습 동기에 자신감과 만족감을 높이는 기회가 될 것입니다.

14 클로징 이야기를 정리하면서

"아이쿠, 벌써 두 시간이 다 되었네요!" 갑자기 자막에 "The End"가 표시되고 그 뒤 이어지는 자막에 "자, 그럼 콘텐츠에 대한 긍정적인 평가와 댓글 부탁드립니다"라는 문구가 나오며 끝나는 영화나 드라마, 웹툰을 상상해보세요. 그런 영화나 드라마를 본다면 사람들 대부분이 다시는 같은 경험을 하고 싶어 하지 않을 것입니다.

영화, 드라마, 웹툰, 하다못해 어린이 애니메이션이나 그림 동화도 클로징에 감동과 해피엔딩을 전하려는 다양한 작업을 합니다. 클로징 아이디어를 찾아 다양하게 시도하고 두드려보고자 노력과 투자를 합니다. 왜냐하면 다음 시간에 대한 기대를 불러일으키고 시청자나 청중, 관중에게 해피엔딩을 주기 위해서입니다.

"오, 이런 벌써 강의시간이 다 지나갔네요. 오늘은 여기까지 하겠습니다. 혹시 질문이 있나요?" 이런 말로 강의나 수업을 마무리한 적이 있으신가요? 모든 콘텐츠는 오프닝과 전문적이고 자신 있는

본문 줄거리와 클로징으로 구성되어 있습니다. 클로징이 없이 내할 말만 다 하고 끝내버리는 강의나 수업에서 학습 참가자들은 자신의 학습역량과 활용능력을 어떻게 평가할 수 있을까요?

모든 발표, 프레젠테이션에서 클로징은 중요합니다. 이는 치열한 질의응답으로 이어집니다. 모든 세일즈 계약에서 클로징이 없다면 그 많은 시간을 들인 제품 설명과 홍보 마케팅이 무슨 의미가 있을까요? 우리 조직의 잦은 미팅이나 아침조회, 수많은 회의를 생각해봅시다. 끝도 없이 이어지는 미팅과 회의에 미쳐버리겠다고 회의적인 시각을 가지고 있지 않은가요? 만약 그렇다면 그 이유는 준비되지 않은 일방적인 전달 및 결말 없는 클로징 때문일 것입니다. 그래서 중립적인 퍼실리테이터가 필요하다고, 모더레이터 역할이 중요하다고 말합니다.

우리 수업이나 강의에서도 오프닝 못지않게 중요한 것이 클로징입니다. 배운 것을 얼마나 이해하고 있으며 자기 업무와 삶에 어떻게 이를 활용할 수 있을지 판단해보기 위해서라도 서로 대화하며 다른 동료들의 이야기도 들어보는 시간이 필요합니다. 이러한 시간을 통해 한 수 배우며 서로를 응원하고 격려하며 축하하는 클로징 마당이 형성된다고 볼 수 있습니다. 저의 이야기가 클로징에 대한 다양한 시각과 아이디어를 얻는 데 작은 도움이 되기를 기대합니다.

 **4장** ACTIVE LEARNING FACILITATION

학습을 촉진하는
퍼실리테이팅
이야기

"나에게는 여섯 명의 정직한 하인이 있다.
그들의 이름은 무엇을, 왜, 언제,
어떻게, 어디서, 누가이다."

– 루리야드 키플링

> #퍼실리테이팅 #러닝 퍼실리테이션
> #퍼실리테이터 #액티브 러닝 퍼실리테이팅

자극과 반응 사이에는 선택의 자유가 있습니다. 우리는 다양한 자극을 통해 학습자의 반응을 끌어냅니다. 어떤 자극이 학습자의 생각과 상상력을 불러일으켜 효과적인 학습 촉진을 가능하게 할까요? 다양한 자극이 다양한 반응과 창의성을 높여줍니다. 학습자의 반응, 집중, 몰입, 동기를 유발하는 요소는 무엇일까요?

경영학의 대부로 유명한 피터 드러커는 자신의 저서 《넥스트 소사이어티》에서 이렇게 말합니다. "부모세대와 자녀세대가 서로 이해하지 못하는 전혀 다른 사회가 올 것이다." 부모세대와 자녀세대만큼이나 교수자와 학습자도 다른 시대를 살아가는 다른 세대입니다. 지금은 인공지능 기술이 챗GPT까지 이르고 5차 산업혁명을 이야기하는 스마트 러닝 시대입니다. 또한 창의적 학습과 자발적 자기학습을 이야기하는 시대입니다. 그렇다면 우리 학교 현실은 어떤 가요?

교수자의 학습 경험에 기반한 스타일과 취향에 따라 일방적인 공급자 중심의 티칭이 대부분입니다. 학습자의 관심을 끌지 못하는 획일화된 학습 방식이라는 염려와 학습 경쟁 유발과 상대평가로 창의성이 떨어진다는 진단은 이미 오래된 이야기입니다. 정형화된 사고, 이분법적인 사고, 경직된 두뇌로는 학습 흥미를 결코 유발하지 못합니다.

여태껏 학교라는 구조화된 조직 안에서 잘 가르쳐왔는데, 왜 지금 퍼실리테이션을 말할까요? 퍼실리테이션은 무엇이고, 러닝 퍼실리테이션은 무엇일까요? 왜 우리가 퍼실리테이터 같은 교수자가 되어야 할까요?

퍼실리레이션의 형태는 다양합니다.

① **회의 퍼실리테이션**입니다.

퍼실리레이션과 관련하여 시중에 나와 있는 책을 살펴보면 애석하게도 숨은 퍼실리테이터를 위한 책이 대부분입니다. 숨은 퍼실리테이터란 회의나 중요한 모임을 진행하면서 중립적으로 일관성 있게 회의를 촉진하는 사람을 말합니다.

지금까지 나온 책 대부분이 회의를 짜임새 있고 쉽게 운영하기 위해 필기하는 퍼실리테이터, 효과적인 회의를 위해 준비하는 퍼실리테이터, 더 나아가서 확인하는 퍼실리테이터가 활용하는 퍼실리테이션 스킬을 다루고 있습니다. 회의 퍼실리테이션은 그 회의 조직이나 회의에 참석한 사람들에 대해 잘 몰라도 중립적인 상황에서 퍼실리테이션 기술만으로도 회의가 확실하게 달라지게 해줍니다.

② **조직혁신 퍼실리테이션**입니다.

이는 퍼실리테이션 기술을 통해 조직이 변화하고 직원들이 성장하는 퍼실리테이터 리더십의 한 형태입니다. 조직은 성장과 성과로 말하지요. 조직혁신 퍼실리테이션을 통해 조직이 활성화되고, 조직의 변혁과 개인의 성장이 촉진됩니다.

조직에서의 퍼실리테이터는 단순한 퍼실리테이션 스킬을 잘 활용하는 것을 넘어 철저하게 결과를 만들어가는 비즈니스 리더입니다. 그 결과에 대한 책임도 져야 하는 게 리더이기에 공정하게 경청하고 중립적인 입장에서 각 프로세스와 논의 내용에도 참여하여 의견을 제시합니다. 조직혁신 퍼실리테이터는 엄밀하게 말하면 퍼실리테이터 같은 리더입니다.

③ **교육 효과를 위한 러닝 퍼실리테이션**입니다.

퍼실리테이션이 무언가를 쉽게 만드는 활동이라면, 러닝 퍼실리테이션은 학습을 쉽게 만드는 활동입니다. 학교에서 교사와 교수자가 굳이 퍼실리테이터가 되어야 할 필요는 없다고 생각합니다. 러닝 퍼실리테이션이 학문적 이론과 과학적 검증 기반의 교수-학습 방법으로 자리를 잡아가는 중이라면 퍼실리테이터 같은 선생님, 러닝 퍼실리테이팅을 활용할 수 있는 교수님이면 충분합니다.

회의에서 퍼실리테이터다운 팀장이 회의를 이끌어가고, 강의도 퍼실리테이터 같은 강사가 퍼실리테이션을 더욱 잘 활용하여 강의를 이끌어간다면 학습 참가자들은 의견 교환을 활발하게 하며 서로를 격려하고 상호작용을 하는 학습 촉진을 경험할 수 있습니다. 우리는 이를 러닝 퍼실리테이션이라고 말하고, 자기만의 교수-학습

퍼실리테이션은 다양한 형태로 존재한다.

회의 퍼실리테이션	조직혁신 퍼실리테이션	교육 효과 퍼실리테이션

퍼실리테이션이란 쉽게 안내하고 촉진하는 활동이고,
러닝 퍼실리테이션이란 교과목을 쉽게 만드는 학습 촉진 활동이다.

방법 중 하나로 다양한 퍼실리테이션 스킬을 활용합니다. 액션 러닝 같은 퍼실리테이션, PBL 같은 퍼실리테이션, TBL 같은 퍼실리테이션 등 그냥 퍼실리테이션 기술을 가져다가 러닝 퍼실리테이션이라고 설명하기도 합니다.

그러면 퍼실리테이터의 역할은 무엇일까요?

퍼실리테이터에게 필요한 것은 중립적인 입장에서 팀의 프로세스를 관리하고 팀워크를 끌어내며, 그 팀이 최대한의 성과를 얻을 수 있도록 지원하는 능력입니다. 이것이 퍼실리테이션이고, 그러한 역할을 담당하는 사람을 퍼실리테이터라고 합니다. 퍼실리테이터에게 요구되는 능력은 다양합니다. 분위기를 조성하는 능력, 서로 간의 신뢰를 끌어내는 능력, 질문하는 능력, 전체를 보는 능력, 참을성과 인내력을 발휘하는 능력, 유연한 사고로 적재적소에 맞출 수 있는 능력이 퍼실리테이터에게 필요합니다.

2 러닝 퍼실리테이션과 러닝 저니(학습 여정) 이야기

퍼실리테이팅 이야기를 하면서 러닝 퍼실리테이션을 중심으로 지금까지 우리가 학습하고 가르쳐왔던 많은 교수-학습 방법을 떠올려봅시다. 우리는 지금까지 경험해온 수많은 학습 여정learning journey에서 효과적이고 새로운 퍼실리테이션 스킬을 배울 수 있었습니다.

결국 아이스브레이킹(I)이든 오프닝(O)이든 클로징(C)이든 모두가 학습능력을 강화하고 학습실용능력을 기르기 위해 학습 촉진 기술과 학습 참여 방법을 활용하여 수업 중에 학습 공유와 전이학습이 효과적으로 일어나기를 원하는 것이 아닐까요?

그래서 대교협에서 1박 2일 과정으로 강의를 준비한 것이 아니겠습니까? 각 대학의 교수학습개발원과 공공기관의 사내 인재개발원, 교육청, 기업의 HR 담당자들의 요청과 현장을 뛰는 세일즈 매니저부터 CS강사에 이르기까지 효과적인 학습 참여와 학습 촉진을 위한 다양한 주제를 만들어낼 수 있었습니다. 아래 제시된 A to I

학습 여정을 학습하면서 잘 연구하고 탐색하면 우리의 목표인 액티브 러닝 퍼실리테이션에 연결하여 활용할 수 있는 효과적이고 참신한 소프트웨어가 무궁무진하다는 것을 알 수 있을 것입니다.

A to I 학습 여정

- **Action learning**: 능동적인 프레임워크를 활용하여 문제를 창의적으로 해결할 수 있습니다.
- **Blended learning**: 온오프라인의 장점을 결합해서 투 트랙으로 학습을 운영할 수 있습니다.
- **Coaching-based learning**: 학습자의 가능성을 코칭대화 모델로 지지하고 응원할 수 있습니다.
- **Drip learning**: 마이크로 콘텐츠를 지속적으로 떨어뜨려주면서 반복학습이 가능합니다.
- **e-learning**: 가상공간학습부터 원격학습까지 이러닝 시대입니다.
- **Facilitating**: 결국은 다시 러닝 퍼실리테이팅입니다. 학습자를 중심으로 어떻게 잘 가르칠 것인가가 관건입니다.
- **Game learn**: 게임 기반 학습, 게이미피케이션도 게임 학습을 위한 교육 게임의 실제이어야 합니다.
- **Havruta**: 교육은 만남이고 소통에서 시작되지요. 둘씩 짝 지어 토의와 토론을 하며 대화하는 것이 최고입니다.
- **IOCFAM**: 모든 학습의 시작과 마무리, 학습 촉진과 능동적인 학습을 만들어가는 프로세스입니다.

이러한 기본 학습 여정을 정의하고 활용하는 것만으로 학습은 촉진되기 시작할 것입니다.

러닝 퍼실리테이션 스킬은 강의하는 사람에게는 주요 관심 분야입니다. 그러나 단기적인 러닝 퍼실리테이션은 재미있게 학습을 운영하는 강의 스킬 중 하나일 뿐입니다.

가르치려고만 하지 말고 학습자가 직접 경험하게 해야 합니다. 학습자가 스스로 배우게 하려면, 학습자의 총체적인 학습 경험을 활용하여 학습 구성원의 성장growth이 학교 공동체의 성과performance로 선순환될 수 있게 학습 여정을 설계해야 합니다. 퍼실리테이터 같은 교수, 그리고 교사와 학생 퍼실리테이터 교육을 통해 러닝 퍼실리테이션이 가능해집니다.

어떻게 학습자에게 최고의 학습 참여를 끌어낼 수 있을까? 가장 좋은 학습 촉진 방법은 무엇인가? 나의 러닝 퍼실리테이션 스타일은 무엇인가?

지루하면 안 됩니다. 교수-학습 이론보다 더 중요한 것이 학습자의 참여와 컨디션입니다. 지금 나의 학습 여정 경험과 러닝 퍼실리테이팅 스타일을 생각해보아야 합니다.

3 나만의 러닝 퍼실리테이션 스타일을 공유하라!

시중에 학습자를 중심으로 하는 강의 소통 기술은 많습니다. 잠시 생각해봅시다. 학습자에게 동기를 유발하고 스스로 수업에 참여하도록 집중시키는 방법은 무엇일까요? 가르친 후 팀별로 토의나 토론을 한 뒤 사례를 발표하며 경험하고 체험한 것들을 개발하고 축적해가야 합니다. 강의(어떠한 주제의 내용을 가르치거나 배우는 것)와 수업(지식이나 기능을 가르치는 것)만으로 학습자의 참여를 촉진하고 학습 동기를 유발하기는 어렵습니다.

강의와 수업 외에 학습 참여와 적극적인 학습 촉진을 위해서 활용하고 있는 것이 무엇인지 확인해봅시다. 리더십 강의를 하든, 다양한 주제의 특강을 하든 참여한 학습자의 학습 촉진에 효과적으로 사용할 수 있는 강의법은 매우 다양합니다. 오프닝 아이스브레이킹을 위한 기법에는 인터뷰 기법, 질문, 퀴즈, 목표 확인, 진진가, 강의 내용 관련 이미지 활용, 기억률 등이 있습니다. 학습능력을 강화하는 클로징에는 복습과 재방문, 스팟 기법, 고사성어, 토의·토론을 통해 학습 참여를 활성화하는 2×2 메트릭스 게임, NGT 명목집단 기법, 역할연기, 강의의 서론·본론·결론의 전체 흐름 속에 강의와 수업을 살리는 액티브 러닝, 영상 활용, 플립차트 등이 있습니다.

문제는 너무 바빠서 준비를 충분히 하지 못하거나, 아니면 거기까지 마음을 쓰지 못해서 효과적으로 수업을 운영하지 못하는 것 뿐입니다. 러닝 퍼실리테이팅 이야기에서 그런 문제를 해결해봅시다. 또 어떤 강의 기법을 활용할 수 있는지, 활용하고 있는지를 목록화해봅시다.

일방적 전달 강의와 수업 말고도 유쾌한 교수-학습 방법은 많습니다. 러닝 퍼실리테이션 학습을 쉽게 만들어주는 활동에서는 교수자를 중심에 놓기보다는 학습자 친화형 중심으로 생각하고 학습 참여를 우선시해야 합니다. 교수자가 지식과 정보를 읽고 강의하는 것만으로는 학습자의 참여가 낮을 수밖에 없습니다. 강의와 수업 위주로 가르치는 전달학습은 장점도 많지만 한계도 많습니다. 학습자가 적극적으로 참여하게 하려면 약간의 기술과 기능이 필요합니다. 일방적인 설명과 설득으로 프레젠테이션을 하는 강의 방식을 넘어서야 합니다.

학습자들이 토의나 토론 후에 발표하는 사례연구까지도 강의 진행의 기술적인 부분으로 여기고 연습해야 합니다. 역할연기, 다양한 진단과 학습 참여를 촉진하는 효과적인 프레임워크를 통해 학습 태도가 적극적으로 바뀌고 참여도가 높아지는 러닝 퍼실리테이션으로 학습자들을 만나는 다양한 방법을 배우고 찾아가는 용기도 필

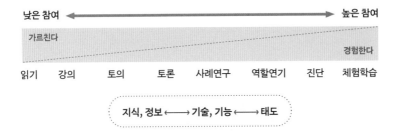

학습 참여와 촉진을 위한 액션 러닝 퍼실리테이션

낮은 참여 ←――――――――――――――――――→ 높은 참여

가르친다

경험한다

| 읽기 | 강의 | 토의 | 토론 | 사례연구 | 역할연기 | 진단 | 체험학습 |

지식, 정보 ←――→ 기술, 기능 ←――→ 태도

요합니다.

프레젠테이션 스킬도 뛰어나야 하지만, 그보다 더 중요한 것은 완성도 높은 퍼실리테이션 스킬입니다. 나만의 학습 촉진을 완성해 가는 수업 철학과 학습 스타일을 구축해나가야 합니다. 학습자들은 학기 초에 교수자의 교수-학습 방법을 제일 먼저 파악합니다. 그래서 획일적인 강의 방식에서 벗어나야 합니다. 수업을 완성해가기 위한 다양한 수업 퍼포먼스를 활용하여 능동적으로 운영할 수 있는 시스템이 필요합니다. 나만의 러닝 퍼실리테이션 스타일은 무엇인가요?

여기에서는 수업을 살리는 유쾌한 교수-학습 전략인 I.O.C.F. A.M 과정에서 많이 활용하는 33가지의 효과적인 참여 학습을 위한 도구와 프레임워크를 소개합니다. 다 안다고(처음 듣는 단어도 있겠지만), 쉽게 활용할 수 있다고 착각하지 마십시오. 어떤 것을 제대로 알고 있는지, 잘 활용하고 있는지 확인해보세요.

학습자들은 종종 교수자에게서 배운 내용이 자기 것이 아닌데도 이미 배워서 다 알고 있다고 착각하곤 합니다.

프레임워크 33
효과적인 학습 참여를 위한 토의, 토론의 기술 도구

① 토의Discussion

② 토론Debate

③ 버추 카드Virtue Card
  - 마음의 법칙 카드,
    강점 코드 카드 선택

④ 브레인라이팅

⑤ 마인드스토밍

⑥ 브레인스토밍

⑦ 만다라트Mandal-Art

⑧ 액션 러닝

⑨ 윈도 패닝Window Panning

⑩ 사례연구 및 신문 기사

⑪ 액티브 러닝

⑫ 2×2 매트릭스 게임

⑬ T-차트 & 삼거리차트

⑭ 골든 서클

⑮ 영화/DVD/웹툰 활용

⑯ 3인 학습/마인드 맵

⑰ 인터뷰 기술

⑱ 아바타 롤플레잉

⑲ 리더십 게임, 카이젠

⑳ NGT/MAP
  (magic action plan)

㉑ Top-10 목록

㉒ 복습 & 대화

㉓ 아이스브레이킹

㉔ 스팟팅

㉕ Teambuilding

㉖ 퍼실리테이팅

㉗ 코칭 게임

㉘ 경청과 칭찬 &
   질문의 기술

㉙ 화이트보드, 칠판,
   플립차트

㉚ 포스트잇, A4,
   학습 도구 활용

㉛ 성찰의 기술
   &ERRC 프레임 성찰

㉜ 게이미피케이션

㉝ 진단의 기술
   Play DiSC
   MBTI 게이밍

이 33가지의 학습 참여와 촉진 기법을 잘 활용한다면 강의나 수업의 시작부터 강의 중반의 학습 공유와 협력 학습 그리고 강의 마무리까지 효과적으로 할 수 있습니다. 스팟팅, 아이스브레이킹, 팀빌딩은 강의 시작과 중간에 활용할 수 있는 훌륭한 도구로서 액티브 러닝의 정수입니다. 퍼실리테이팅 스킬과 액션 러닝은 팀 구성원 중심의 참여 학습으로 강의를 이끌 수 있는 좋은 방식입니다. 브레인스토밍, 브레인라이팅, 마인드스토밍, 만다라트 도구만 잘 활용해도 학습자의 아이디어를 확산하고 창의적인 생각을 끄집어낼 수 있는 훌륭한 수업이 됩니다.

학습자의 학습 태도를 주도적으로 바꿀 수 있는 진단의 기술을 배워보는 것도 좋습니다. 이러한 기술의 성패는 다양한 진단 도구를 강의나 수업에 어떻게 활용하느냐에 달려 있습니다. 약식으로 학습자의 행동 방식과 성격 유형을 진단할 수 있도록 도구화하여 학기 초에 활용한다면 팀 구성 및 팀플레이에 큰 도움을 받을 수 있습니다.

학습자 중심의 학습 촉진을 위한 러닝 퍼실리테이션 아이디어와 수업 중에 활용 가능한 프레임워크를 나만의 러닝 퍼실리테이션 방식에 따라 정리해보는 시간이 필요합니다.

인스트럭터에서 프레젠터로, 다시 퍼실리테이터로 거듭나라!

우리는 팬데믹 시기를 학습자들과 대면, 비대면으로 마주하는 시간을 보내왔습니다. 면대면 활동에 익숙한 교수자와 학습자가 비대면 상황에서 어떻게 하면 시간을 잘 보낼 수 있을까요? 휘발성 지식을 주입하던 강사 중심의 전달 학습에서 벗어나 자기 생각을 표현하고 학습한 내용을 자기 언어로 정리하여 말하게 하는 액티브 러닝을 비대면 온라인 교육환경에서 어떻게 실현 할까요? '학습자가 주도하는 학습 + 학습자 맞춤형 + 학습자의 선택권 보장'이 필요합니다. 이런 환경이 현재의 학교와 교수자 시스템에서 가능할까요?

코로나19 팬데믹은 미래교육의 담론이라고 할 수 있는 '학교 없는 학습 + 교사 없는 학습'의 가능성을 3~5년 정도 앞당겼다고 평가되곤 합니다. 고민을 많이 하는 시간이었습니다. 인스트럭터instructor(강사)에서 프레젠터presenter(설명 및 전달자), 그리고 다시 퍼실리테이터facilitator(촉진자)로 거듭나는 과정은 자극과 도전을 받는 시간이었습니다. 다음 질문을 읽어보며 나는 어디에 서 있는지 생각해봅시다.

① 나의 강의에 효과적인 퍼실리테이션 스킬은 무엇인가?

② 나는 어떤 전달 방식을 사용할 것인가?

③ 나는 강의 중에 어떻게 리그루핑을 하는가?

④ 내가 좋아하는 오프닝/클로징 기법은 무엇인가?

⑤ 내가 학습 참가자들을 빠르게 네트워킹시키는 방법은 무엇인가?

⑥ 나의 강의에서 가장 많이 활용되는 학습 도구는 무엇인가?

⑦ 나의 강의 중 다양한 액티비티를 언제, 어떻게 진행하고 있는가?

⑧ 팀(테이블) 리더 선출은 어떤 방식으로 하고 있는가?

⑨ 사람들을 자연스럽게 움직이게 하는 나만의 방법은 무엇인가?

이 질문들에 하나하나 답을 달아보는 시간을 꼭 가져보시기를 바랍니다. 한 학기 동안 여기저기에서 강의해왔던 경험을 끄집어내고 상상해보면서 어떤 방법과 도구를 활용하여 학습자 중심으로 풍성한 강의를 해왔는지 살펴보는 기회가 될 것입니다.

강의 방식에서 프레젠테이션 설명과 설득을 넘어 퍼실리테이션으로 수업을 살리는 유쾌한 러닝 퍼실리테이션을 실현하려면 조금 더 학습자들을 참여시킬 수 있도록 리뷰하는 스킬과 학습 콘텐츠의 구성을 개선하려는 용기와 자신감이 필요합니다. 이젠 강사에서 퍼실리테이터로 거듭나야 할 때입니다.

학습을 촉진하는 강의 기법

Active Learning
Facilitation vs **Presentation** vs **Instruction**

나의 강의에 효과적인 퍼실리테이션 스킬은 무엇인가?

Less Contents, More participation, Some Review

As is / To be 프레임워크

프레임워크란, 어떤 일에 대한 판단이나 결정 따위를 하기 위한 틀을 말합니다. 어떤 일을 하면서 말과 글로만 생각을 공유하기보다 다양한 도형과 구조화된 일정한 틀을 사용하면 서로의 생각을 구체화하고 정리하는 데 더 효과적이라는 사실을 우리는 업무, 학교 수업, 강의를 통해 다양하게 경험하고 있습니다. 그러므로 프레임워크라는 틀을 활용하여 우리가 해결해야 할 문제를 실생활에 대입해보면서 나의 콘텐츠에 맞는 도구를 개발하고 찾아봅시다.

As is / To be는 강의에서 많이 활용하는 프레임워크입니다. As is / To be는 현재의 상태에서 이상적인 모습을 시각화해서 문제를 해결하는 과정을 말합니다. 해결해야 할 문제를 정확히 파악하기 위한 프레임워크입니다.

As is / To be (갭 분석)

As is 현재 상태	GAP 이상과 현실	To be 미래에 원하는 상태
메모	행동계획 1	기록문화
CS	행동계획 2	CX

As is 현재 상태, 해결해야 할 과제를 있는 그대로의 모습으로 모두 기록해봅시다. 현재 매출 상황, 나의 기술력 수준, 건강 상태, 인간관계부터 감정 상태에 이르기까지 정량적인 것 모두를 가능한 한 정확하게 파악해서 정리하고 기록해봅시다.

To be 목표, 미래(3개월 후, 1년 후)의 원하는 모습을 상상해보면서 단어나 짧은 문장으로 기록해봅시다. 이걸 우리가 쉽게는 Before/After 게임으로 말하고, 고급스럽게 말하면 As is/To be 게임으로 표현할 수도 있습니다.

이제 중요한 것은 내가 진짜 원하는 이상과 현실 사이의 갭gap을 분석해보는 것입니다. 내가 원하는 것을 성취해가는 데 문제가 되는 것은 무엇인가요?

As is / Before	To be / After
과체중 75kg	55kg
생활 습관	물, 야채, 수면
외식 횟수	외식 금지
각종 질병으로 인한 병원비	운동 및 건강식 시작
외부활동에 대한 두려움	산책, 친구들과 관계 회복
열등감	자존감 회복
대인기피	책 읽기, 강의 듣기로 자신감 회복

As is/ To be의 갭을 가지고 자기 피드백을 위한 자기코칭 대화까지 해볼 수 있습니다. 현재 상태에서 내가 원하는 가장 이상적인 모습을 향해 가는 데는 자기 질문과 성찰이 필요합니다. 현재 상태에서 내가 원하는 이상적인 모습으로 성취해가려면 정확한 문제 파악이 중요합니다. 10점 척도로 측정할 때, 내가 성취하고 싶은 모습(상태)까지 현재 몇 점 정도를 줄 수 있습니까?

① 원하는 미래 모습에 다가가기 위한 현재의 모습에 몇 점 정도를 줄 수 있나요?
② 현재(5점) 상태에서 내가 원하는(10점) 상태로 가기 위해 해결해야 하는 것은 무엇인가요?

7 개인과 조직을 바꾸는
프레임워크 PDCA

"기본 중의 기본인 프레임워크, 최강의 프레임워크는 PDCA 사이클이다."

성공하는 개인과 조직의 모든 활동을 PDCA 관점에서 관리하면 문제 해결 및 목표 관리를 적절하게 실행할 수 있습니다. '데밍서클'

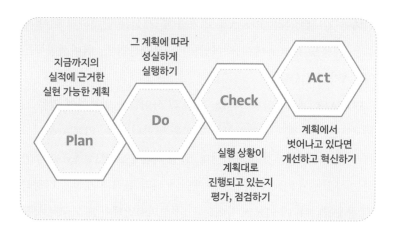

이라고도 부르는 PDCA는 에드워드 데밍이 품질 개선을 위해 개발한 사고방식 프레임입니다.

《기본으로 이기다, 무인양품》이라는 책을 보면 PDCA를 바탕으로 한 스케줄 관리를 통해서 "당연한 것을 당연하게 지속하는 조직"으로 만든 기록을 살펴볼 수 있습니다. 이는 PDCA를 기본으로 삼아 강한 조직을 성공적으로 이끈 다양한 스토리텔링의 기록입니다.

'어떤 일을 좀 더 효율적으로 하고 싶은가?', '건강하게 몸을 잘 돌보고 싶은가?', '학습 목표를 창의적으로 달성하고 싶은가?' 등을 다루고 있습니다.

일상(업무)에서 PDCA 흐름이 시스템화될 때까지 반복하고 반복하여 뿌리를 내려봅시다. 많은 사람이 PDCA의 중요성을 알면서도 실제 현장에서는 PDCA를 제대로 활용하지 못합니다. 일회성 PDCA 사이클로 끝나서는 효과가 없습니다. PDCA는 지속적인 반복으로 과제를 개선하면서 내 업무와 학습과 일상의 삶에 적용될 때까지 꾸준하게 실천해야 합니다. 혈액이 돌듯이 PDCA가 순환해야 합니다. 작은 PDCA를 평가한 후 개선은 담대하게 해야 새로운 제품도 PDCA에서 태어납니다. 건강관리법, 취미생활에도 PDCA가 요긴합니다.

PDCA란 '계획-실행-검증-개선'의 사이클을 반복하여 업무 프로젝트를 지속적으로 개선하는 방법을 말합니다. 이 PDCA 사이클은 한 번에 끝나는 것이 아닙니다. 일정 기간 프로젝트 목표를 추진하는 과정에서 PDCA 사이클은 개인과 팀의 협력과 개선에 다양하게 활용됩니다. 이 PDCA 사이클을 러닝 퍼실리테이션 도구로 사용할 수 있습니다.

　어떤 학습 프로젝트를 좀 더 효율적으로 하고 싶으신가요? 매주 팀 활동을 할 때마다 'Plan - Do - Check - Action' 각 프로세스를 계획대로 실행하면 다음 목표로 향하는 사이클에 논의한 개선점이 반영되고 있는지 평가하여 팀플의 기본 프레임워크로 사용할 수 있습니다.

8   70-20-10 트레이닝 모델

70-20-10 프레임워크에 대해 아시나요? 이것은 아직까지 빈번하게 입에 오르내리지는 않지만, 70-20-10 트레이닝 모델로 프레임을 제공하면서 조금씩 활용되고 있는 프레임워크입니다.

트레이닝 모델

10% : 20% : 70%
Learn   Connect   Experience

위에 제시된 이미지를 보면서 상상해보세요. 여기서 10퍼센트, 20퍼센트, 70퍼센트가 말하려는 것은 무엇일까요? 잠시 생각해봅시다. (동료와 가위바위보를 하여 진 사람이 이긴 사람에게 이 숫자가 의미하

는 것이 무엇인지 설명하게 해봅시다.)

　강의하거나 가르치는 사람들에게 많은 메시지와 의미를 담고 있는 숫자라고 생각합니다. 제도권 교육 안에서 가르치는 지식 대부분이 망각되고 약 10퍼센트만 남는다고 생각해보세요. 에빙하우스의 망각곡선 이론에 따르면 학습하고 하루가 지나면 많은 기억이 사라지고 최근에 배운 내용에 밀려난다고 합니다. 그래서 연결학습과 반복학습이 중요합니다.

> "들은 것은 잊어버리고, 본 것은 기억하고, 직접 해본 것은 이해한다
> (What I hear, I forget. What I see, I remember. What I do, I understand)."
> ＿공자

　이 유명한 공자의 말을 마케팅의 대부인 필립 코틀러는 《마켓 3.0》에서 이렇게 인용합니다. "내게 말해보라, 그러면 잊어버릴 것이다. 내게 보여주라, 그러면 기억할지도 모른다. 나를 참여시켜라, 그러면 이해할 것이다."

　체험 마케팅만한 것이 없다고 합니다. 먹는 것부터 보는 것, 입는 것, 시승하는 것, 기르는 것까지 우리 생활 곳곳에 직접 참여하여 체험해보고 경험하게 하는 것들로 수많은 판매가 이루어지고 있습니다. 교육도 일방적인 것보다 학습자가 적극적으로 참여해서 경험하고 느낌을 나누며 학습을 촉진하는 것이 효과적이라는 것을 모두가 압니다. 문제는 그 전환점이지요.

　말로 가르치는 강의의 특징은 들을 때는 다 아는 것 같은데, 조금

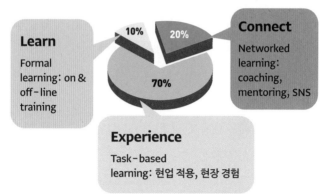

Training…and much more Connect.

Learn
Formal
learning: on &
off-line
training

10%

20%

70%

Connect
Networked
learning:
coaching,
mentoring, SNS

Experience
Task-based
learning: 현업 적용, 현장 경험

만 시간이 지나면 기억이 나지 않는다는 것이지요. 강사는 수많은 반복으로 더 많은 양의 지식을 더 잘 기억하면서 전달하고 가르치지만, 학습자에게는 그러한 지식이 잘 와닿지 않습니다. 그래서 학습자가 참여할 수 있는 다른 형태의 교수-학습 방법이 필요합니다.

아직 우리 교육 현장에서 활발하게 논의되고 있지는 않으나, 교육(10퍼센트)을 통해서 학습이 일어나는 것보다 다른 학습자들과 다양한 매체로 연결되어 상호작용(20퍼센트)을 하고 과업 기반 학습 task-based learning으로 실제 업무 현장의 경험과 현업에의 적용(70퍼센트)을 통해 더 많은 학습이 일어나고 있습니다.

이전까지의 학습 마인드가 푸시 러닝push learning이었다면, 10-20-70 프레임워크에 기반한 새로운 학습 마인드는 풀 러닝pull learning으로 경험학습이 되어야 합니다. 학습이 현업에 적용 가능한 업무 기반 학습과 같은 체험학습으로 탈바꿈한다면 가장 좋은 일-학습 병행이 되겠지요. 우리의 업무 현장은 새로운 학습의 장으로 거듭나고 있습니다. 인터넷이 연결된 업무 현장은 수많은 콘텐츠를 검색하고 탐구할 수 있는 거대한 도서관이나 다름없습니다. 동료와 함께하는 유튜브 강의와 네트워크는 새로운 교수-학습의 장입니다. 학습의 넓이와 깊이, 속도가 바뀌고 있는 것입니다.

책에 다 있고, 검색만 하면 더 잘 정리되어 있는 내용을 언제까지 일방적인 강의로 가르칠 건가요? 인터넷이 도서관이고, 일터가 강의장이 된다는 것! 거기에 동료와 플랫폼이 교수자가 되는 시대입니다. 학습하면서 실시간으로 챗GPT와 대화하며 동료학습을 할 수 있는 환경입니다. 이제 우리의 학습 마인드셋mind set이 10퍼센트를 기반으로 20~70퍼센트로 이동해야 하는 때를 맞이하고 있습니다. 학습의 속도가 경쟁력인 시대입니다. 다양한 학습 방식이 연결되고, 교수자와 학습자가 뒤집어져야 합니다!

P대학에서 교수-학습 전략 러닝 퍼실리테이션 과정을 강의할 때, 참석한 교수자의 주의 집중 및 적극적인 참여를 위해 테이블 리더를 선정한 후 테이블 리더의 진행하에 우리 대학의 강점과 약점을 나열해보라고 요청했습니다.

먼저, 교수자가 T자 형태의 표를 샘플로 보여줍니다. 각 테이블 리더에게 옆에 준비된 플립차트에 T자 형태의 모양을 그리게 한 후 왼편과 오른편에 우리 대학만의 강점이 무엇인지, 우리 대학의 약점이 무엇인지를 토의하며 기록하도록 시간을 줍니다. 재미있게도 참가자들은 우리 대학의 강점 한두 가지를 적고는, 그다음부터는 약점과 단점, 문제점, 불편하고 부족한 점을 이야기하기 시작합니다. 단박에 열 가지가 넘는 약점이 기록되었습니다. 시간이 좀 더 지나자 장점과 단점에 대한 균형을 맞추며 기록해나갔습니다. 학교 교직원으로 10대부터 80대까지 다양한 학생을 만나면서 교수자들은 실습 위주의 수업에서 느낀 점과 현실에 대해 말하면서도 우리 학교만의 장점을 하나둘씩 언급하기 시작합니다.

T차트는 T자를 중심으로 좌우 항목에 강점과 약점을 비교 기록해 나가면서 팀 구성원의 생각과 아이디어를 빠르게 정리할 수 있는 도구입니다. T차트는 우리가 만나게 될 학습 참가자들이 학습 현장에서 해결해야 할 과제나 학습 중 가장 중요한 관심사나 흥미를 가지고 본격적인 토의와 토론을 이어나갈 수 있는 프레임워크입니다.

T차트
주어진 주제나 문제의 두 가지 측면을 비교할 때

우리 대학의 강점	우리 대학의 약점

T차트
팀 프로젝트 그라운드룰과 우리의 약속

이렇게 생각하고 말해요	우리는 이렇게 행동하고 실천해요
긍정적인 생각과 아이디어로 서로를 존중하는 말로 소통해요	적극적 경청과 공감하는 태도로 박수와 환호로 리액션하며 응원해요

학습을 촉진하거나 토론 주제나 문제를 한눈에 비교하며 분석하는 데 T차트 프레임워크만큼 활용이 간단하고 효과적인 것도 없습니다. 위에 제시한 이미지처럼 학습 내용과 관련하여 주어진 주제에 대해 장점/단점, 강점/약점, 찬성/반대, 이익/손해 등으로 비교 분석하거나 사실/의견, 도움/방해 등 대비되는 내용을 팀 구성원이 함께 토의·토론하며 정리하도록 토론 주제의 두 가지 측면을 비교하며 학습을 촉진할 수 있습니다.

조금만 변형하고 확장하면, T차트에 팀 프로젝트 활동을 위한 그라운드룰을 만들 때에도 효과적입니다. 경험상 그라운드룰을 정하는 시간에 대부분의 참여자가 소극적이고 뻔한 이야기를 하며 시간을 보냅니다. 팀 구성원이 자율적 참여로 만들어내는 그라운드룰에 대한 경험은 초창기 퍼실리테이션 과정에 참여했을 때 겪었습니다. 2000년대 초반 본격적으로 밥 파이크의 창의적 교수법 과정에 참여하고 트레이너(강사) 과정으로 경험할 때는 이런 시도와 작업이 새롭고 신선했습니다. 학습자는 자신들이 만든 그라운드룰을 지키려고 노력하는 모습을 보였습니다.

그런데 지금은 어떤가요? 그라운드룰을 만드는 시간이다 하면 이젠 그렇게 새롭지도 않습니다. 참여하는 자세도 적극적이지 않고 나오는 이야기도 익히 다 아는 공지 사항과 별반 다르지 않습니다. 물론 장시간의 팀 학습을 운영하려면 그라운드룰이 필요합니다. 그래서 그라운드룰을 만들어내는 과정에서도 T차트를 활용하면 좋은 도구가 될 수 있습니다.

팀 그라운드룰에서 우리가 어떻게 말하고 참여할 것인가에 대한 규칙과 약속을 하나하나 말하다 보면 팀 프로젝트의 완성도를 높이기 위한 좋은 약속과 규칙이 나옵니다. 수업과 강의에서 토의·토론도 이런 효과적인 프레임워크 도구를 적시적소에 잘 활용하면 학습 촉진 효과에 많은 도움을 받을 수 있습니다.

그라운드룰
효과적인 학습 활동을 위한 기본원칙

이렇게 생각하고 말해요	우리는 이렇게 행동하고 실천해요
판단하지 않기 솔직하고 정직하기 긍정적인 방식으로 피드백 주고받기 논쟁은 열렬하게 그러나 서로를 공격하지 않기	합의된 스케줄과 계획에 따르기 주의 깊게 경청하기 문제에 집중하기 팀 미팅 준비하기 모든 팀 구성원이 책임 공유하기 비밀 보장하기

Parking Lot
(강의 흐름을 끊거나 다른 내용의 질문일 때 효율적인 시간 운영을 위해 잠시 모아 놓는 아이디어 바구니)

① 지각하지 않기-지각, 결석할 때 벌금 부과

② 일찍 끝내주기

③ 졸리면 강사 책임

④ 휴대폰 에티켓-진동으로 설정하기

⑤ 졸리면 일어나서 뒷자리로 가기

⑥ 휴식시간 보장

10 삼거리 Y차트

수업(강의)을 시작하면서 학습 참가자에게 강의장에 도착해서 무엇을 보았는지, 무엇을 느꼈는지, 무슨 소리를 들었는지를 물어봅니다. 강의장 분위기에 대해 토의하면서 참가자들은 마음을 열고 수업에 참여하게 됩니다. 그리고 준비된 Y차트에 본 것, 느낀 것, 들은 것을 브레인스토밍을 하듯이 대화하며 정리합니다.

강의 시작 전 Y차트를 활용하여 아이스브레이킹을 하며 강의장 분위기를 편하게 만들어 참가자들의 마음을 열 수 있습니다. '~것처럼 보였다', '~같이 들렸다', '~한 느낌이 있다' 등 자신이 보고, 듣고, 느낀 것을 자유롭게 이야기해보는 시간을 통해 강의 속으로 자연스럽게 안내합니다. 또한 강의 중간이나 클로징에서도 Y차트를 정리하는 과정에 활용할 수 있습니다.

강의 주제나 내용에 따라, 활용하는 교수자에 따라 Y차트의 세 가지 요소는 다양하게 달라질 수 있습니다. 그 사람(리더, 인물)이 처

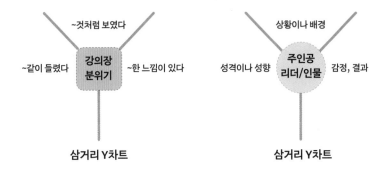

삼거리 Y차트   **삼거리 Y차트**

한 상황/성격/감정을 Y차트에 기록하며 강의 내용을 재학습할 수 있습니다. 팀 프로젝트 전반에 대한 팀별 목표/계획/집중을 Y차트에 기록하면서 정리할 수도 있습니다.

《21세기 자본》이라는 피케티의 책을 읽다가 포기한 적이 있습니다. 800페이지가 넘는 데다 익숙하지 않은 분야라 끝까지 읽기가 어려웠습니다. 몇 달이 지나 서점에서 《만화로 읽는 피케티의 21세기 자본》을 만났습니다. 이번에는 중도에 포기하지 않았습니다. 얇

출처: 고야마 카리코, 《만화로 읽는 피케티의 21세기 자본》, 스타북스(2015).

은 만화책이기도 했지만, 2×2 매트릭스 프레임워크를 적용한 덕분에 완독하는 데 별 어려움이 없었습니다. 책의 주인공을 물적자본과 인적자본을 두 축으로 하는 사분면으로 분석해보니 전체 내용이 단순하게 정리되어 피케티가 말하는 21세기 자본의 핵심을 쉽게 이해할 수 있었기 때문입니다.

2×2 매트릭스를 검색해보면 다양한 2×2 매트릭스 자료와 참고할 만한 유익한 책을 찾을 수 있습니다.

2×2 매트릭스의 역할

① 의사결정의 강력한 도구

② 복잡한 문제를 단순하게 정리하는 도구

③ 문제 해결의 실마리 x 문제 해결의 도구

2×2 매트릭스

	긴급함	긴급하지 않음
중요함	**1** 1사분면은 긴급하고도 중요한 일을 수행하는 영역	**2** 2사분면은 긴급하지는 않지만 중요한 일을 수행하는 영역
중요하지 않음	**3** 3사분면은 긴급하지만 중요하지는 않은 일을 수행하는 영역	**4** 4사분면은 긴급하지도 중요하지도 않은 일을 수행하는 영역

《핵심을 꿰뚫는 단순화의 힘 2×2 매트릭스》는 스티븐 코비, 마이클 포터, 노나카 이쿠지로, 돈 탭스콧 등 유명한 경영의 대가들이 애용하는 55가지 2×2 매트릭스 사례와 통찰력 넘치는 2×2 사고법을 소개하여 2×2 사고에 대한 원리와 연습을 할 수 있습니다. 저자는 SWOT, BCG 매트릭스로 잘 알려진 2×2 매트릭스로 경영 분석과 의사결정의 90퍼센트는 해결할 수 있다고 강조합니다.

여러분은 2×2 매트릭스라고 하면 무엇이 떠오르나요? 아마도 앞에서 소개했던 조해리의 창이나 SWOT 게임, 시간관리 사분면 등이 생각날 것입니다. 학습자의 니즈를 파악하고 학습 내용을 인지하고 자각할 수 있는 효과적인 학습도구로 2×2 매트릭스 프레임워크를 활용할 수 있습니다.

한때 유행했던 멍부, 멍게, 똑부, 똑게 이야기도 2×2 매트릭스로 기업 구성원의 유형과 관계를 단순하고 명쾌하게 정리한 사례입니다.

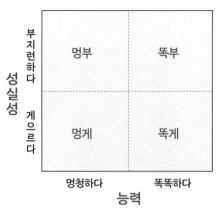

멍부, 멍게, 똑부, 똑게

멍부　멍청한데 부지런한 리더나 부하
똑부　똑똑하고 부지런한 리더나 부하
멍게　멍청한데 게으른 리더나 부하
똑게　똑똑한데 게으른 리더나 부하

명부, 멍게, 똑부, 똑게가 각각 무엇의 줄임말인지만 이해한다면 이 단순한 매트릭스를 기업뿐 아니라 군대, 학교, 가정에까지 적용할 수 있습니다. 그렇다면 2×2 매트릭스를 학습에 어떻게 적용해야 학습자가 명부, 멍게, 똑부, 똑게처럼 학습 내용을 쉽게 이해하고 응용할 수 있을까요?

가르치는 사람들의 다섯 가지 사랑의 언어

"가르치는 사람으로서 고객(학생, 청중, 학습 참가자)에게 들려줄 수 있는 다섯 가지 사랑의 언어는 무엇일까요?" 이런 질문에 교수자 대부분이 "사랑해, 고마워, 잘했어, 미안해"라고 이야기합니다.

이때 "아, 잠깐만요. 그런 단어들 말고 정말 가르치는 사람들이 한 학기 동안, 또는 1년 동안 학생들을 만나서 가르치는 장면에서 꼭 해야 할 사랑의 언어 다섯 가지입니다"라고 하면 서로의 얼굴을 쳐다보고 고민하면서 조심스럽게 말하기 시작합니다. "칭찬인가? 응원, 지지, 격려 이런 단어인가?" 하면서 좀 더 새로운 언어를 생각하고 끄집어내기 시작합니다.

이때 다음 단어들을 소개하며 "학습자를 만나는 한 학기 동안 시시때때로 이 사랑의 언어를 많이 들려주면 학습자와 라포르가 형성되어 학습 동기 및 주의집중력을 높일 수 있습니다. 자, 이 다섯 가지 사랑의 언어는 뭘까요?"라고 묻습니다. 참가자들은 하나씩 말하

다섯 가지 사랑의 언어

① Words of Affirmation(인정하는 말)

② Receiving Gifts(선물)

③ Acts of Service(봉사)

④ Quality Time(함께하는 시간)

⑤ Physical Touch(스킨십)

기 시작합니다. "선물, 섬기는 행동, 스킨십…." 이것은 상담심리학자인 게리 채프먼의 《5가지 사랑의 언어》라는 책에서 가져온 이야기입니다. 게리 채프먼은 "사람들은 서로 다른 사랑의 언어를 구사한다"라고 말합니다.

첫 번째는 '인정認定'하는 말입니다. 인정하는 말이 왜 사랑의 언어일까요? 옆자리 동료들과 서로를 인정하는 말을 한마디씩 해주시기 바랍니다. (잠시 시간을 줍니다.) 인정하는 말과 칭찬하는 언어는 다르지요. 지지해주거나 응원해주는 언어와도 마찬가지입니다. "잘했어! 파이팅! 넌 할 수 있어!"라는 말과 인정하는 말은 다릅니다.

우리는 칭찬이나 응원이나 격려하는 말은 많이 하는데, 한 존재 자체를 인정하는 말에는 인색합니다. 존재 자체를 인정하는 말이란 지금까지 함께 학습하면서 보아왔던 동료를 보면서 알게 된 사실이나 그가 가지고 있는 자질, 그 존재 자체에 대한 것을 인정해주는 것입니다. 인정은 내가 보니까 확실히 그렇다고 여기는 것을 인식acknowledgment하고 시인recognition하는 것입니다. 예를 들면 이런 말입니다. "와우, 제가 겪어 보니 굉장히 긍정적인 분이시네요", "당신은 섬세하고 디테일이 뛰어나세요!"

행위의 결과가 아니라 상대방이 이미 가지고 있는 것을 알아주는 말을 들은 학생이나 부하직원은 결과도 중요하지만 자신의 노력에 대한 인정에 감동을 받게 됩니다. '아, 이분이 나를 사랑하는구나!' 하며 자신에 대한 애정을 느끼게 됩니다. 조그마한 관심을 가지고 인정하는 말을 가정에서, 학교에서, 조직에서 많이 사용하면 놀라운 일이 일어납니다.

두 번째는 '선물'입니다. 누구나 선물을 주거나 받아보았을 것입니다. 그 선물에 어떤 마음이 깃들어 있나요? 왜 선물이 사랑의 언어인지 생각해보고 동료들과 공유해보면 압니다. "최근에 어떤 선물을 주거나 받았나요?" 동료들과 이야기하며 얼굴이 밝아지는 모습이 아름답습니다. "지금까지 받았던 선물 중에서 가장 기억에 남는 것은 무엇인가요?" 그 선물을 떠올리며 서로 이야기를 나누는 모습은 사랑스럽습니다. 이런 스몰토크가 서로의 관계를 더 친밀하게 만들어줍니다. 그렇다면 선물과 뇌물의 차이는 무엇일까요? 사랑하는 마음으로 준다면 선물이지만, 대가를 바라는 거래라면 뇌물이지요.

세 번째는 '봉사'입니다. 봉사는 상대방을 도와줌으로써 그를 기쁘게 하는 행동이고, 우리는 이를 사랑의 언어로 느낍니다. 자식에 대한 부모의 헌신과 학생에 대한 교사의 배려와 섬김은 곧 사랑의 언어입니다. 봉사가 아닌 대가를 바라는 거래는 사랑의 언어로 보기 어렵지 않을까요?

네 번째는 함께하는 '시간'입니다. 왜 함께하는 시간이 사랑의 언어일까요? 사랑한다면 언제나 함께하고 싶어 합니다. 무엇을 하는지는 그리 중요하지 않습니다. 중요한 것은 서로에게 집중하고 관심을 기울이는 시간을 공유한다는 것입니다. 가르치는 사람들에게 가장 중요한 것은 가르침을 받는 사람들과 함께하는 시간을 많이 가지는 것이라고 생각합니다. 우선 함께해야 인정하는 말도, 선물도, 서로를 도우며 봉사할 수 있는 기회도 만들어질 테니까요. 괴테는 "우리의 모습은 우리가 사랑하는 것에 의해 만들어진다"라고 말합니다. 여러분의 모습은 어떻습니까? 사랑하는 사람들과 함께 시간을 보내고 있습니까?

다섯 번째는 '스킨십'입니다. 백 마디 말보다 한 번의 스킨십으로 더 많은 사랑을 전달하고 느낄 수 있습니다. 가르치는 사람이 하는 행동 하나하나에 사랑이 담겨 있기에 사랑의 언어가 됩니다. 교수자가 학생들에게 사랑을 전달할 수 있는 스킨십은 무엇일까요? 자녀가 부모에게 사랑을 받고 있다는 것을 느낄 수 있는 스킨십은 무엇일까요? 자, 먼저 옆에 있는 동료를 보고 인사해보세요. 이제 동료와 할 수 있는 가장 편한 스킨십으로 인사를 하겠습니다. 요즘 사회 분위기에서는 조금 조심스럽기는 하지만 신체적인 접촉만큼 사랑을 느끼는 방법을 찾기는 쉽지 않을 것입니다.

이 다섯 가지 사랑의 언어를 한 한기 동안 언제, 어디에서, 어떻게 효과적으로 사용할 수 있을까요? 이 다섯 가지 사랑의 언어 가운데 내가 제일 잘하고 있는 언어는 무엇인가요? 이 다섯 가지 사랑의 언어 중에서 내가 실행하지 못하고 있는 언어는 무엇인가요? 이 다섯 가지 사랑의 언어 가운데 지금 나에게 필요한 것은 무엇인가요?

《5가지 사랑의 언어》는 《싱글의 5가지 사랑의 언어》, 《행복한 교실을 만드는 5가지 사랑의 언어》, 《자녀의 5가지 사랑의 언어》, 《십대의 5가지 사랑의 언어》, 《하나님의 5가지 사랑의 언어》, 《남성을 위한 5가지 사랑의 언어》 등으로 계속 출판되고 있습니다.

인정하는 말로 학습자의 자부심을 높여주세요. 학습자에게 마음의 선물, 관심과 배려로 다가가보세요. 학습자를 위한 봉사와 서번트 리더십은 최고의 사랑의 언어입니다. 수업 외에도 함께하는 시간을 마련하여 학습자를 향한 관심과 사랑의 언어를 표현해보세요. 허그와 하이파이브 같은 자연스러운 스킨십으로 활력을 불어넣을 수 있습니다.

스캇 펙 박사는 "사랑은 상대방의 잠재능력을 개발하려는 전적인 헌신이다"라고 말합니다. 가르치는 사람으로서 만나는 사람들의 잠재능력을 개발하려는 헌신으로 함께하고 있습니까? 가르치는 사람들의 다섯 가지 사랑의 언어는 결국 학습자의 잠재능력을 개발하고 잠재력을 활짝 열어가기 위한 도구입니다. 관심과 기대를 받지 못하던 학습자가 교수자와 함께하는 시간을 통해서 인정하는 말, 진정성 있는 행동과 배려, 마음의 선물을 받는다면 자신도 모르던 잠재력을 발휘할 수 있습니다.

학습자의 동기를 유발하고 학습을 촉진하는 방법은 크게 외적 동기부여 방법과 내적 동기부여 방법으로 나눌 수 있습니다. 가치명료화 게임은 자신의 생각과 행동을 유발하는 핵심가치가 무엇인지 찾아보면서 학습자의 내적 동기를 부여하고, 이는 곧 학습 촉진으

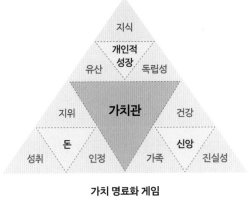

가치 명료화 게임

로 이어지게 합니다. 구체적인 게임 방법은 다음과 같습니다.

① 교수자는 학기 중 (목표, 목적의식을 강조하면서) 가장 적절한 타이밍이라고 생각할 때, 학습자에게 자신의 핵심 가치를 찾는 활동 목록을 제시하고 자신이 가장 중요하다고 생각하는 가치 목록 10개를 작성하도록 요청합니다.

나에게 중요한 가치 찾기(우선순위 10)

자유 / 명예 / 권위 / 지위 / 고객만족 / 건강 / 돈(부유함) / 사랑 / 마음의 평화 / 모험심 / 즐거움 / 정직 / 용기 / 가정 / 리더십 / 책임감 / 존경 / 긍정적 태도 / 감사 / 인내 / 끈기 / 아름다움 / 겸손함 / 공정함 / 프로정신 / 진실성 / 인간관계 / 공헌 / 우정 / 좋아하는 일 / 유능함 / 조화 / 신앙 / 공동체생활 / 성장 / 독립성 / 균형 / 완벽 / 인정 / 품질 / 신속성 / 열정 / 변화 / 안정 / 책임감 / 단순성 / 봉사 / 지식 / 지혜 / 팀워크 / 신뢰 / 역량 / 성취 / 혁신 / 다양성 / 학습 / 소통 / 행복 / 민첩성 / 지속가능한 성장 / 안전 / …

---

② 주어진 단어 목록이 자신만의 고유한 삶의 방식이나 가치를 설명할 수 없다면 괄호 안에 자신이 직접 써넣을 수 있습니다.

③ 가치 목록 10개를 다 작성하면 참가자들과 함께 가치 명료화 게임을 시작해봅시다. 먼저 가치 목록 10개를 책상 위에 펼쳐 놓고 하나하나 읽어보게 합니다. 10개 중 1개를 버리고 9개를 남길 수 있다면 그 1개는 무엇인가요? 이때 참가자들은 10개의 단어를 다시 보면서 우선순위를 매기기 시작합니다.

④ 가치 목록 9개 중에 2개를 버리고 7개를 남긴다면? 또 가치 목록 7개 중 3개를 버리고 4개를 남긴다면 어떤 것을 버리고

4개의 핵심 가치를 남기겠습니까?

⑤ 마지막으로 3개만 남기고 가치 목록 1개를 더 버려야 합니다. 어떤 가치 목록을 포기하겠습니까? 처음 게임을 시작했을 때와 다르게 참가자의 태도와 표정은 심각해집니다. 자신의 문제이고 깊이 몰입되어 있기 때문입니다. 이렇게 게임을 진행하면서 변화하는 학습자의 태도와 표정을 살펴보면 많은 것을 발견하고, 효과적인 피드백을 할 수 있습니다.

⑥ 가치 목록 3개를 가지게 된 참가자들에게 왜 이 3개를 선택하게 되었는지 그 상황과 이유를 선택한 각각의 가치 목록 뒷면에 기록하게 합니다.

⑦ 테이블끼리, 혹은 옆에 있는 동료와 자신이 선택한 가치 목록을 꿈, 목표 상황, 이유와 연결하여 스토리텔링으로 소개하며 마무리할 수 있습니다.

가치 명료화 게임은 학습자에게 자신에게 중요한 가치가 무엇인지를 명확하게 파악하게 함으로써 내적 동기부여를 일으키고, 학습에 임하는 태도를 변화시킵니다. 이렇게 함께하는 시간을 통해 동료와 교수자를 대하는 자세도 달라집니다. 단순한 라포르 형성을 넘어 신뢰관계로 발전하기도 합니다.

14 강점코칭 게임으로
성장욕구를 자극하라!

대학의 교수학습센터에서 강의를 하다 보면 만나는 교수자마다 공통으로 호소하는 고민이 있습니다. 티칭만으로는 학습자의 기초 학습역량을 키우는 데 한계가 있다는 것입니다. 그렇다면 이 문제를 해결할 수 있는 방법은 무엇일까요? 바로 코칭입니다. 코칭의 핵심은 질문과 경청입니다. 학습자는 이미 알고 있습니다. 자신이 더 발전하고 성장하려면 무엇을 어떻게 해야 하는지, 어떤 노력과 투자가 필요한지를요.

인간은 누구나 지금보다 더 나아지고자 하는 성장욕구를 가지고 있다는 에이브러햄 매슬로의 인본주의 심리학, 변화와 성장 잠재력은 긍정적인 요소와 동기에서 출발한다는 마틴 셀리그먼의 긍정심리학은 강점 기반 코칭을 위한 성장욕구를 자극하여 고객의 사고 확장 및 성장 잠재력을 구축하게 합니다.

고객(학습자)을 상담 혹은 코칭하면서 문제에 초점을 맞춰 "그래서 너의 문제가 뭔데? 문제의 원인을 뭐라고 생각하는데?"와 같은 습관적인 질문으로 시작하지 마세요. '무엇을 잘할 수 있는가? 그중에서 더 잘할 수 있는 것은 무엇인가?'와 같이 학습자의 강점에 초점을 맞춘 질문과 코칭을 하는 것이 코칭 기반 티칭의 시작입니다. 과거의 문제에 대한 질문보다는 미래를 향한 질문이 좋습니다. 핑계나 변명을 생각하게 하는 질문보다는 책임을 갖게 하는 질문이 더 좋습니다. 결국 각자의 인생은 개인의 책임이니까요. 학습자가 자기 인생에 책임을 지고 미래지향적으로 생각할 수 있는 질문을 던진 다음 해야 할 일은 잘 들어주는 것입니다. 자기 이야기를 잘 들어주는 꽤 괜찮은 어른, 교수자를 만나는 기쁨은 친밀감을 넘어 신뢰감을 만들고, 이는 곧 학습 동기와 주의 집중으로 연결됩니다.

갤럽 강점코칭의 아버지인 도널드 클리프턴은 다음과 같은 질문을 던졌습니다. "사람의 단점에 집착하지 말고 장점에 집중한다면 어떤 일이 벌어질 것인가?" 저는 리더십 강의 중 'Be-Do-Have' 프로세스 목표를 가져야 한다고 말합니다. 목표가 없다고 말하는 학습자들에게 꼭 되고 싶고, 하고 싶고, 가지고 싶은 목표가 무엇인지를 물어보듯이, 학습자의 성장욕구를 자극하기 위해 '어떤 사람이 되고 싶은가?being', '무엇을 하고 싶은가?doing', '무엇을 갖고 싶은가?having'라는 질문을 던져 학습자가 강점과 최상의 가치를 발견할 수 있도록 노력하고 투자하는 시간이 필요합니다.

이제는 교수자가 코칭, 특히 강점코칭을 활용할 수 있어야 합니다. 코칭 기반 티칭을 한다면 학습자(고객)의 재능과 강점을 개발할 수 있습니다. 그렇다고 코치 열풍에 휩쓸려 코치가 될 필요는 없습니다. "코치 같은 교수자가 될 수 있는가?" 교수자 스스로가 점검해 보면서 물어야 할 때입니다.

학습자와 간단한 빙고 게임으로 강점을 점검할 수 있습니다. 모든 사람이 가지고 있는 자신만의 재능, 자연스러운 성향이 있습니다. 다양한 방법으로 우리는 자신의 행동 성향, 재능, 고유한 지능을 진단하고 확인합니다. 갤럽의 강점코칭에서 제시하는 34가지 영역별 단어로 자신을 파악할 수 있습니다. 물론 받아들이고 싶지 않겠지만 내가 모르는 나, 나도 모르는 나만의 성향도 있습니다. 그럼에도 불구하고 자신을 가장 잘 아는 사람은 자기 자신입니다. 아래 질문을 하면서 확인해봅시다.

'나는 어떻게 일하고 어떤 실행능력을 가지고 있나요?', '나는 타인과 자신에게 어떻게 영향력을 발휘하나요?', '나는 사회적인 관계에서 어떻게 관계를 맺고 팀워크를 형성하고 발전시키나요?', '나는 지식정보 사회에서 어떤 의사결정과 판단을 하나요?' 이런 질문을 하면서 자기 자신을 자연스럽게 느끼고 생각하며 자기 성향을 선택하는 시간을 가져봅시다.

36가지 강점 테마

성취	체계	행동	최상화	적음	포용
분석	수집	지적 사고	회고	개별화	연결성
자기확신	주도력	집중	정리	심사숙고	책임
커뮤니케이션	존재감	개발	긍정	미래지향	배움
절친	공감	사교성	승부	복구	공정성
발상	전략	화합	태도	기대	신념

자신이 일을 실행하며 목표를 이루어가는 과정에서 자연스러운 성향을 기반으로 전략적인 사고와 대인관계에서 어떤 영향력을 만들어가는지 생각해보면서 10개의 단어에 동그라미 표시를 해봅시다. 이런 질문을 던지면서 자기 성향을 파악할 수 있습니다. 저는 일을 대충하기보다 완벽하게 하려는 성향이 있어서 '최상화'라는 단어를 선택했습니다. 일을 시작하면 수많은 자료를 모으고 아이디어를 생각하는 경향이 있어서 '발상'과 '수집'을 선택했습니다. 배우는 걸 정말 좋아하고, 사교성은 많이 없지만 심사숙고하며 소수의 사람과 깊은 관계를 맺습니다.

이렇게 자신이 일하면서 어떻게 관계를 구축하는지 생각하고 자신과 다른 사람들에게 영향력을 발휘하는 것들을 그려보면서 36개 단어 중 10개를 선택해봐도 좋습니다. 그 10개의 단어를 중심으로 지금 하고 있는 학업이나 일(업무), 프로젝트에서 좋은 결과를 기대하면서 긍정적인 태도로 동료들과 대화하는 시간을 가져봅시다.

코치가 너무 많은 것을 가르치려고 하지 않는 것이 좋습니다. 자료를 던져주고 안내해준 후에 스스로 자기 안의 가능성을 두드리며 찾아가게 하는 것이 바람직합니다. 지지와 응원과 인정으로 시간을 주고 잠시 기다려주면서!

ASK! 물어봐라!

Attitude	나는 코치로서의 태도와 자세를 갖추었는가?
Skill	나는 코칭 프로세스와 코칭 스킬 역량을 가지고 있는가?
Knowledge	나는 코칭의 학문적 체계를 구축하기 위해 코칭을 받고 학습하고 있는가?

다들 코칭을 강조하다 보니 응급처치식 코칭 지식과 기술을 코칭이라는 이름으로 가르치는 것을 많이 봅니다. 코칭의 시대라고 불리는 오늘날, 코칭에 대해 관심을 가지고 물어보며 학습해야 합니다.

다음의 코칭 철학 세 가지는 학습자들의 강점코칭을 위한 성장지향 패러다임으로 활용할 수 있습니다.

① 제1철학, 모든 사람에게는 (무한한) 가능성이 있다.
② 제2철학, 그 사람에게 필요한 해답은 모두 (그 사람 내부)에 있다.
③ 제3철학, 해답을 찾으려면 (코치)가 필요하다.

우리가 학습자를 어떻게 바라보는가에 따라 코칭이 되기도 하고 티칭이 되기도 합니다. 수업을 살리는 유쾌한 교수 – 학습 전략은 학습자의 무한한 가능성을 믿고 학습자가 스스로 필요한 솔루션을 찾아갈 수 있는 강점코칭 게임을 기반으로 유쾌하게 학습을 촉진하는 시스템입니다.

세 개의 원에 나의 꿈,
나의 목표 플래닝하기

잭 웰치를 움직인 세 개의 원을 활용하여 참가자 자신만의 세 개의 원을 그려보고 자기 핵심 목표와 꿈을 계획하며 브랜딩하는 활동을 할 수 있습니다.

잭 웰치는 다음과 같이 말합니다. "억지로 변화해야 할 상황이 오기 전에 자신이 먼저 변화해라."

세 개의 원은 거인병에 빠진 GE를 살려내기 위한 구조조정 방안을 고심하던 잭 웰치가 식사 도중에 갑자기 떠오른 아이디어를 종이 냅킨에 그린 것으로 유명합니다. 그가 그린 세 개의 원은 GE의 각 사업 부문을 세 개의 카테고리로 명쾌하게 나눈 것으로, 이것이 GE의 구조조정에 결정적인 기여를 했습니다. 잭 웰치는 "나는 어떤 개념을 설명할 때 세 개의 원을 사용해서 단순하고 명료하게 보여주는 방식을 좋아한다"라고 말합니다. 그는 이 도형을 착안하던 당시에 "나는 오랫동안 GE의 비전을 효과적으로 전달하기 위한 방법에 대해 고민했다. 이상하게 들릴지 모르지만, 나는 1983년 1월에 칵테일 냅킨에서 그 해답을 발견했다"라고 말했습니다. 세 개의 원 안에 들어 있지 않은 사업을 잭 웰치는 '① 고쳐라! ② 매각하라! ③ (그것도 안 되면) 폐쇄하라!'의 대상이 된다고 주장합니다.

　잭 웰치의 세 개의 원을 참고하여 나만의 핵심 브랜드, 나만의 강점 기술, 나만의 서비스 군을 제대로 그려보는 시간을 가져봅시다. 잠재의식 속에 내재된, 잃어버리기에는 너무나도 아까운 나의 꿈과 목표를 가치관 게임처럼 선택하고 집중해서 실행까지 할 수 있는 게임 플래닝을 해보세요.

나만의 세 개의 원을 찾아라

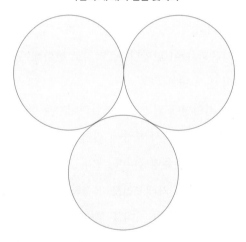

16 학습을 촉진하는 C.P.R 기반 청크를 생각하라!

"뇌가 흡수한 지식과 정보를 단기기억에서 장기기억으로 전환하려면 시간이 필요하다." 즉 우리 두뇌가 정보를 받아들이고 중요성을 구분하여 장기기억으로 저장하는 데는 시간이 걸린다는 것입니다. 주어진 강의(수업)시간 안에 아무리 많은 것을 가르쳐주고 싶어도 정해진 시간 안에 정해진 정보 이상의 것을 억지로 구겨 넣을 수는 없습니다. 강의가 끝나고 배운 내용을 복습할 때, 다양한 방법으로 학습을 촉진하고 반복학습을 해야 합니다.

에빙하우스의 망각곡선 이론에 따르면 우리는 20분이 지나면서부터 학습한 내용을 잊기 시작합니다. 그래서 기억능력을 향상하기 위해 반복학습이나 학습 촉진을 할 때 20분 정도 학습을 하고 2~3분 정도는 동료교수 학습법이나 리뷰시간을 가지는 것이 좋습니다. 어떤 교수자는 강의 내용을 10분 혹은 15분으로 청킹을 하기도 합니다. 학습자 중심의 수업을 위해 한 시간 수업이나 강의 내용

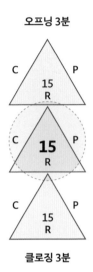

오프닝 3분

C · P
15
R

C · **15** · P
R

C · P
15
R

클로징 3분

을 어떻게 구성하고 있습니까? 한 덩어리로 강의를 쏟아내고 수업 시간 막바지에 "혹시 질문 있는 사람?" 하고 끝내지는 않는지요?

학생들의 경우 50분 수업 시간에서 15분 정도의 내용으로 청킹을 합니다. 그래서 교수자가 학습 내용을 의미 덩어리 3개로 만들어 서론, 본론, 결론으로 전달하면 효과적인 학습 촉진이 가능해집니다. 의미 없는 정보는 한쪽 귀로 듣고 한쪽 귀로 흘려버리기 마련입니다. 지금까지 우리가 학습해온 I.O.C.F.A.M 프로세스의 핵심 흐름을 잘 활용하여 의미를 만들어봅시다.

우리 두뇌는 장시간 집중할 수 없습니다. 한 번에 보관하고 담을 수 있는 최장 시간은 15분 전후입니다. 학자마다 집중할 수 있는 시간 기준을 다르게 제시합니다. 10분, 15분, 20분 등 각기 나름의 근거를 주장합니다. 이 주의 집중 시간을 근거로 간단하게 10~20분

사이의 서론, 본론, 결론으로 청킹을 하여 두뇌가 지치지 않고 주의 집중할 수 있는 다양한 학습 촉진 계획을 세우는 지혜와 지식이 필요합니다. 학습 촉진을 위해 가장 중요한 것 가운데 하나는 입력된 정보를 반복하는 것입니다. 동료학습 및 다양한 자극으로 반복되는 정보는 두뇌가 '아, 이게 정말 중요한 정보구나!' 하고 인식하기 시작하여 장기기억으로 전환됩니다.

밥 파이크는 그의 저서 《밥 파이크의 창의적 교수법》에서 효과적인 학습 촉진을 위한 C.P.R을 제시하면서 학습자가 강의에 참여하고 복습할 수 있는 계획을 하는 것이 중요하다고 말합니다. 마인드맵의 창시자인 토니 부잔은 "성인은 보통 90분간 이해하면서 들을 수 있다. 20분간 기억하며 들을 수 있다. 8분간만 집중할 수 있다"라고 말합니다.

효과적인 촉진 학습을 위한 유쾌한 교수학습 전략
C.P.R을 생각하라

강의 내용
Content

강의 참여
Participation

강의
Goals

90/20/8

I.O.C.F.A

복습
Review

소통과 피드백

강의 내용은 교수자의 전문 영역입니다. 그렇지만 학습자의 강의 이해도를 높이고 학습을 촉진하기 위해 강의 내용을 10분, 15분, 20분 사이로 청킹을 하여 학습 참여를 높이기 위한 계획을 세워야 합니다. 교수자는 강의 내용을 학습자가 얼마나 이해하고, 그 내용을 학습자의 지식으로 어떻게 만들 수 있는지를 생각하며 액티브 러닝을 계획해야 합니다. 복습과 재방문은 10~20분 안에 배운 것을 말로 할 수 있는 기회를 주어 학습능력이 강화되는 학습 공유와 학습 촉진이 일어나는 시간입니다. C.P.R 청크 기반 러닝 퍼실리테이션Chunk-Based Learning Facilitation을 통해 교수자의 강의에서 학습자 참여와 학습 공유가 일어나도록 학습 촉진 계획을 해보는 시간을 가져보시기를 바랍니다.

17 퍼실리테이팅 이야기를 정리하면서

지금까지 학습한 퍼실리테이션, 러닝 퍼실리테이팅에 대한 내용을 나의 이야기로 정리해봅시다. 완성충동을 활용하여 초성 처리된 아래 단어들을 조합해보세요. 학습 촉진을 위해 어떤 퍼실리테이션 스킬과 내용이 필요할까요?

ㅊㅅ	ㅅㅎㅈㅇ	ㅈㅁ
ㅎㅁ	학습을 촉진하는 강의(수업) 기법	ㅊㅇ
ㄷㄱ	ㅁㅈㄱ	ㅈㄹㅇㅣ고 ㅇㄱㅅ이 있는가?

학습 촉진 콘텐츠는 기본적인 질문, 대화도 중요하지만 참신하고 새로운 것을 찾고 개발해야 합니다. 퍼실리테이터가 어려운 것을

265

쉽게 만들어주는 촉진자, 안내자, 가이드라면 질문하고, 조언하고, 과정을 디자인하며, 효과적으로 동기부여를 하기 위해 창의적으로 소통하는 사람입니다. 회의 퍼실리테이션의 매뉴얼대로 진행하는 것이 아니라 러닝 퍼실리테이팅을 위한 참신한 자료 개발과 탐구가 선행되어야 액티브 러닝 퍼실리테이팅이 가능해집니다. 러닝 퍼실리테이터는 학습 내용에 대해 학습자와 상호작용을 할 수 있는 소통 전문가이어야 합니다. 교수자가 준비한 대로만 진행된다면 일방적인 퍼실리테이팅입니다. 상호작용을 할 수 있는 학습 촉진 방법은 끊임없이 개선되어야 합니다.

러닝 퍼실리테이팅의 진행 방법이나 내용은 재미있어야 합니다. 그래서 다양한 프레임워크를 개발하고 사용할 수 있어야 합니다. 재미가 즐거운 분위기나 느낌이라면, 흥미는 어떤 대상에 끌리는 감정과 관심을 말합니다. 러닝 퍼실리테이션에 참여하는 학습자들이 프레임워크를 활용해 토의, 토론하며 해당 학습 과정에 흥미를 느낄 수 있도록 학습 촉진 과정을 설계해야 합니다. 이런 과정 설계가 학습자를 참여하게 만듭니다. 강의를 하다 보면 교수자의 지식 전달이 우선순위가 되어 참가자 중심의 퍼실리테이팅을 계획하기가 쉽지 않습니다. 참여학습의 중요성이 강조되고 있지만, 실제로 학습자의 참여가 얼마나 이루어지고 있을까요?

좀 더 능동적인 러닝 퍼실리테이션이 되려면 도구를 효과적으로 활용해야 합니다. 학습 촉진을 위해 어떤 학습 도구를 사용하고 있는지 목록화해보세요. 파워power도 없고 포인트point도 없이 단지 강의만으로 학습 촉진을 하려는 안주지대에서 벗어나야 합니다. 결국은 이런 과정을 통해 문제를 해결하고 있는지가 중요하겠지요. 문제 해결을 위해 적극적으로 참여할 수 있는 도구와 흥미로운 프레임워크로 상호작용을 만들어가는 매력적인 러닝 퍼실리테이터가 되기를 바랍니다.

5장 ACTIVE LEARNING FACILITATION

창의적으로
문제를 해결해가는
액션 러닝 이야기

**"새로운 것의 창조는 지성이 아니다.
놀이 충돌에서 생겨난다.
결국 창조하는 마음은
좋아하는 대상과 함께 논다."**

– 카를 구스타프 융

#액션 러닝 #CALcreative action learning #창의적 액션 러닝

　액션 러닝과 전통적인 교육 방법인 강의식 교육의 가장 큰 차이점은 학습 활동의 패러다임이 공급자 중심이냐, 수요자 중심이냐 하는 것입니다. 우리가 수업 현장에서 실천하고 있는 협동수업부터 팀 수업, 거꾸로 교실, 문제기반학습, 퍼실리테이팅, 액션 러닝까지 학습자가 적극적으로 참여하여 학습자가 직면한 문제나 과제를 해결할 수 있는 수업이라면 액션 러닝이라고 할 수 있습니다. 일방적인 지식을 전달하고 습득하며 진도를 나가는 수업을 넘어 학습자들이 협력하여 창의적으로 과제나 문제를 해결하며 깨달음을 얻는 학습 방법이라면 액션 러닝 범주로 구분할 수 있을 것입니다.

　모든 팀 학습 활동의 기본은 팀에 주어진 문제나 과제를 창의적으로 해결해가면서 팀 구성원의 리더십 역량을 개발하며 다양한 학습 경험을 하는 것입니다. 액션 러닝을 활용한 수업이나 팀 프로젝트에 대한 수요가 점점 늘어나고 있습니다. 문제는 액션 러닝에 대한 정확한 개념 정리와 교수자의 전공별 액션 러닝 활용 정도가 다르다는 것입니다. 모든 전공과 과목에 액션 러닝 수업이 적절한가를 분석해보고 시뮬레이션을 해보아야 합니다. 액션 러닝이란 무엇인지 액션 러닝의 특징을 잘 파악하고 왜 액션 러닝을 활용해야 하고 액션 러닝을 활용해서 얻을 수 있는 유익이 무엇인지를 따져보아야 합니다. 창의적인 종합설계의 하나인 캡스톤 디자인부터 문제에 대한 실용적이고 창의적인 해결법인 디자인 씽킹이나 문제 기반 학습 PBL, 러닝 퍼실리테이션까지 이름만 조금씩 다를 뿐 학습자 중심의 참여식 수업인 액션 러닝과 비슷한 절차를 따릅니다. 그 시작점과 결과는 이론과 실천을 통합하여 현장실무능력과 창의적인 인재를 양성한다는 학습 목적을 추구합니다.

그럼 액션 러닝으로 수업을 진행할 때 얻을 수 있는 효과나 이익은 무엇일까요? 제대로 운영된 액션 러닝 수업을 경험한 학습자들은 창의적인 학습 방법을 경험함으로써 단지 수업뿐만 아니라 자기 관리 전반으로 문제 해결 능력이 향상됩니다. 팀으로 문제를 해결하고 소통하는 방법과 통찰을 얻게 되고, 시간 및 목표 관리, 리더십을 개발함으로써 창의적인 사회구성원으로 성장하게 됩니다.

교수자에게 액션 러닝이란?

I.O.C.F.A.M 프로세스에서 액션 러닝 이야기

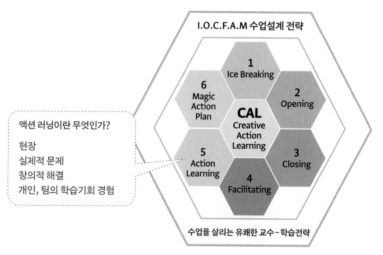

I.O.C.F.A.M 수업설계 전략

1 Ice Breaking

6 Magic Action Plan

2 Opening

CAL Creative Action Learning

액션 러닝이란 무엇인가?

현장
실제적 문제
창의적 해결
개인, 팀의 학습기회 경험

5 Action Learning

3 Closing

4 Facilitating

수업을 살리는 유쾌한 교수-학습전략

일반적으로 액션 러닝이란 '팀과 조직이 직면한 현장의 실제적
인 문제를 해결하면서 개인과 조직이 다양한 학습 기회를 경험하

는 것'입니다. 좀 더 구체적으로 이야기하면, 한국액션러닝협회에서는 "액션 러닝이란 교육 참가자들이 학습 팀을 구성하여 과제를 제시하고 스폰서sponsor 또는 자기 자신이 꼭 해결하고자 하는 실존하는 과제를 팀 전체 또는 각자가 주체가 되어 러닝 코치learning coach와 함께 정해진 시점까지 해결하거나 해결 방안을 도출하는 동시에 그 과정에서 지식 습득, 질문, 피드백, 성찰을 통해 과제의 내용 측면과 과제 해결의 과정 측면을 학습하는 하나의 프로세스다"라고 말합니다.

액션 러닝의 기본은 문제 해결입니다. 액션 러닝은 개인과 팀이 가진 실제적 문제를 창의적으로 해결하려는 것에서 출발합니다. 액션 러닝은 개인과 조직이 변화를 주도할 수 있는 강력한 실천 도구입니다. 액션 러닝의 개념은 간단합니다. 개인과 팀은 항상 해결해야 할 과제가 있고, 조직(학교, 기업)은 구성원의 학습 활동을 지원할 수 있는 시스템을 마련합니다.

종합하자면, 액션 러닝이란 현장의 실제적인 문제를 창의적으로 해결하면서 개인과 팀이 새로운 학습을 경험할 수 있는 기회입니다. 여기서 이 책을 읽고 있는 강사, 교수자를 중심으로 액션 러닝을 다시 생각해볼까요? 교수님의 현장은 어디인가요? 아마도 교실(강의실)이나 가상공간이겠지요. 그러면 이 현장의 실제적 문제는 무엇인가요? 학습자의 참여 태도와 효과적인 학습 공간, 학습 환경이죠.

이 책에서는 액션 러닝을 적용하는 구체적인 방식으로 I.O.C.F.A.M이라는 프로세스를 제시합니다. 이어지는 내용은 이 프로세스의 흐름을 따랐습니다. 물론 이 프로세스를 실행하기 전에, 현재 주어진 학교 강의실이라는 공간이나 학습자의 자세를 제대로 인지해야 합니다. 그 이후에 I.O.C.F.A.M를 활용하여 교수자와 학습자의 역할이 바뀌는 경험도 할 수 있다면 학습능력 및 현실 응용력을 증진할 수 있을 것입니다.

　학습자 중심의 팀 학습을 할 때 몇 가지 생각해야 할 것이 있습니다. 먼저, 액션 러닝에 대한 사전 워크숍(학교에서는 1주 차 시간에) 및 한 학기 동안 액션 러닝이 어떻게 진행되는지 전체 흐름에 대한 이해가 필요합니다. 액션 러닝의 정의, 액션 러닝의 구조와 프로세스에 대한 기본 지식을 가지고 강의실 안팎에서 이루어지는 액션 러닝의 학습 환경에 대한 이해와 다양한 도구를 안내해야 합니다.

　전통적인 강의식 수업과 액션 러닝의 차이에 대한 설명도 필요합니다. 그다음으로 중요한 것이 '액션 러닝을 위한 문제를 어떻게 선정할 것인가?'입니다. 문제 선정을 하고 팀빌딩을 할 것인지, 아니면 액션 러닝 학습 팀이 구성되면 바로 팀빌딩을 통해 팀 데몬스트레이션과 팀워크로 팀을 나눈 뒤 그 학습 분위기와 에너지를 가지고 액션 러닝을 통해 해결할 문제 선정을 할 것인지를 선택할 수 있습니다. 단순한 순서의 차이일 뿐이라고 생각할 수 있지만, 이 순서가 달라지면 과제나 문제 선정의 깊이가 달라집니다. 그래서 팀빌딩에 대한 전략과 운영이 중요합니다.

교수자와 전공에 따라 액션 러닝 운영 절차나 구성요소에 대한 의견이 다를 수 있습니다. 학습자 중심의 팀 수업이라면 본격적인 액션 러닝 수업 활동이 전개되기 전에 진행되는 팀빌딩과 아이스브레이킹의 중요성은 두말할 것도 없습니다. 형식적인 아이스브레이킹과 팀빌딩으로 학습 분위기와 팀파워를 끌어내고 유지하기는 어렵습니다. 액션 러닝의 핵심 주체가 액션 러닝 팀이라면 형식적인 팀빌딩이 되지 않도록 주의해야 합니다.

팀빌딩과 팀 그라운드룰이 잘 만들어지고 팀 리더와 구성원의 역할이 구체적으로 공유되어야 합니다. 매주 만날 때마다 액션 러닝 팀이 모여 체계적인 액션 러닝 활동을 전개하려면 액션 러닝 활동을 이끌어가는 리더의 아이스브레이킹 사용도 중요합니다. 레크리에이션을 뛰어넘은 액션 러닝 수업 활동과 관련된 아이스브레이킹이면 금상첨화이지요. 아이스브레이킹을 통해 팀 구성원 간에 자연스럽게 상호작용이 이루어지면 더욱 좋습니다.

아이스브레이킹은 매주 액션 러닝 학습 팀이 만날 때마다 수업 활동을 촉진하는 것이지 처음 만날 때만 일차성으로 하는 이벤트가 아니라는 것이지요. 학습 구성원들은 액션 러닝을 진행하는 수업만 듣는 것이 아니고 한 학기에 4~6과목 정도를 수강하므로 매주 만날 때마다 액션 러닝에 다시 집중하기 위해서 팀 그라운드룰 확인과 팀빌딩 그리고 서로의 친밀감을 강화하는 스몰토크 형식의 아이스브레이킹으로 시작하는 지혜로운 전략이 필요합니다. 더 나아가서 다양한 학습 도구 개발도 중요합니다. 학습 도구를 개발하고 포스트잇, A4 용지, 색도화지, 플립차트를 사용하는 것이 액션 러닝 활동을 촉진하고 더 효과적이라면 본질을 훼손하지 않는 범위 내에서 활용할 수 있습니다.

그러면 여기서 다시 학기 중 액션 러닝 수업에 대해서 생각해봅시다. 교수자들의 전공에 따라 액션 러닝에 대한 프로세스가 달라지겠지요. '현장의 실제적인 문제를 창의적으로 해결해가면서 개인과 팀이 학습기회를 경험한다'라는 액션 러닝의 정의에 따르면, 우리 학생들에게 현장은 전공 과목 관련 과제나 프로젝트가 되겠지요. 실제적인 문제는 뭘까요? 해결책이 없고 실패 위험을 갖는 과제를 선정해야 하는데, 이는 그리 간단하지 않습니다. 창의적으로 해결하기 위해 전략적이고 효과적인 프레임워크를 활용하여 개인과 팀이 질문과 성찰의 시간을 가질 수 있어야 합니다.

액션 러닝은 여섯 가지의 구성요소에 따라 진행됩니다.

액션 러닝 Action Learning

① 문제   ② 팀   ③ 질문   ④ 실행   ⑤ 학습   ⑥ 코칭

첫째, 액션 러닝은 현장의 실제 문제/과제에서 출발합니다. 해결해야 할 실제 문제나 과제는 성공과 성장의 기회입니다. 학생들에게 문제/과제는 프로젝트나 이슈가 되는 것으로서 학습 기회 문제인가, 도전할 만한 과제인가 등 기존 해결안이 존재하지 않는 중요

하고 긴급한 현장의 실제 문제에서 출발해야 합니다.

둘째, 액션 러닝의 핵심 주체는 액션 러닝 팀(그룹)입니다. 액션 러닝 과제를 위한 팀은 4~8명이 이상적입니다. 토의, 토론, 비판이 자유롭게 진행되고 다양한 시각과 경험을 가진 인원으로 구성합니다. 기업에서는 팀을 구성할 때 고객이나 협력업체가 참가하기도 합니다. 명확한 해결안이 쉽게 나오지 않는 현장의 실제 문제를 해결할 수 있도록 구성을 다양하게 하는 것이 좋습니다.

셋째, 액션 러닝은 진술과 의견보다는 질문과 성찰에 초점을 둡니다. 적절한 질문에 초점을 두고 문제의 본질을 이해하며, 잠재적 해결안을 심사숙고하고 개인 성찰과 팀 성찰을 하며, 성공적인 과제 수행을 위해 팀이 모일 때마다 지속적인 성찰을 강조해야 합니다. 아인슈타인의 말처럼, "질문을 멈추지 않는 것이 중요합니다."

넷째, 액션 러닝 팀은 문제/과제에 대해 행동을 취해야 합니다. 액션 러닝 팀 활동에 참여함으로써 다양하게 제안하고 구체적인 계획에 따라 문제 해결 아이디어를 발견하기 위해 활발하게 토론하고 성찰하면서 실제적이고 진정한 학습을 만들어나갑니다. 행동을 성찰하는 과정에서 개인과 팀은 다시 한번 학습을 경험합니다.

다섯째, 액션 러닝은 개인과 팀의 학습 경험을 강조합니다. 액션 러닝 팀 학습 경험을 통해 문제 해결 효과와 다양한 학습을 경험합니다. 학습 전략으로서의 액션 러닝은 의사결정 속도와 실행능력이 뛰어납니다. 액션 러닝은 문제 해결의 효과보다 학습 경험의 가치가 큽니다. T. S. 엘리엇의 말처럼 "우리는 경험을 했으나 그 의미를 모르지" 않으려면 말입니다.

여섯째, 액션 러닝은 문제 해결과 학습에 집중하기 위해 코치가 필요합니다. 러닝 코치, 멘토, 퍼실리테이터 등으로 다양하게 불리는 리더가 필요합니다. 팀원이 무엇을 배우고 어떻게 문제를 해결할지 코칭 질문으로 성찰에 도움을 줄 수 있는 러닝 코치가 필요합니다. 우리의 액션 러닝에서 누가 코치 역할을 하고 있습니까?

코치는 질문함으로써 액션 러닝을 진행합니다. 액션 러닝의 잠재력은 이 여섯 가지 요소를 효과적으로 활용할 때 발휘됩니다. 액션 러닝 전문가들은 액션 러닝 수업에 I AGREE 프로세스를 활용하라고 제안합니다.

Ice break **A**genda **G**round rule **Re**flection

액션 러닝 활동을 하는 데 필요한 핵심 키워드들입니다. 먼저, 라포르를 만들기 위한 아이스브레이킹 활동으로 서로 마음을 열고 액션 러닝 과제나 문제를 해결하기 위해 시간과 운영 계획을 제시하고 체크한 뒤 액션 러닝 성공을 위한 그라운드룰을 확인하고 준수합니다. 액션 러닝을 마무리할 때는 무엇을 배웠는지, 무엇을 느꼈는지 등 서로 보고 듣고 깨달은 것을 개인이나 팀 단위의 성찰을 통해 공유하며 배움의 시간을 가집니다.

I AGREE를 적용할 수 있는 수업이라면 액션 러닝을 진행하기에 적절하다고 생각합니다. 한 학기 내내 액션 러닝으로 수업을 할 수 없는 상황에서 한 학기 수업 16주 중 액션 러닝 수업을 7~8주 진행

한다면 1~2주에는 액션 러닝에 대한 전반적인 오리엔테이션과 개념 이해를 촉진하고, 6~8주에는 학습자 참여 중심의 교수-학습 방법으로 액션 러닝 활동을 하고, 남은 6~7주에는 학생들이 액션 러닝 활동에서 경험한 내용에 기반하여 교수자의 심화학습으로 진행한다면 훌륭한 학습 경험을 줄 수 있을 것입니다. 액션 러닝 같은 강의식 수업이 되어도 좋고, 러닝 퍼실리테이션 같은 강의식 수업이 되어도 좋습니다. 그래서 교수자 중심의 일방적인 전달식 강의여도 학습자가 참여하는 강의식 수업이라면 시도해볼 만하다고 생각합니다.

3 액션 러닝은 이렇게 시작되었습니다

액션 러닝을 이야기할 때 레그 레반스와 마이클 마쿼트의 스토리를 빼놓을 수 없습니다.

$$L = P + Q + R + I$$

L Learning   **P** Programed Knowledge

Q Questioning   **R** Reflection   **I** Implementation

액션 러닝에서 말하는 학습은 개인과 조직이 다양한 경험을 통해 획득한 프로그램화된 지식에서 출발합니다. 이 기반 위에서 문제 해결을 위한 질문과 성찰을 통해 실행해나가는 과정입니다. 지금은 개인 강의이든 학교 수업이든 기업과 팀 강의이든 학습자들의 참여식 토의와 질문을 통한 경험학습과 문제 해결, 발표, 성찰과 결

과를 도출해내는 과정으로 액션 러닝을 활용하고 있지만, 액션 러닝의 출발은 기업이 당면한 현장의 실제적인 문제를 해결하기 위해 시작되었다는 것을 염두에 두고 학습 대상과 상황에 따라 효과적으로 활용할 필요가 있습니다.

액션 러닝은 학습 참가자의 다양한 경험과 적극적인 상호작용을 통한 문제 해결 과정에서 학습 경험을 하고, 액션 러닝 절차에 따라 프로그래밍이 된 적절하고 효과적인 질문과 성찰 학습입니다. 여기에 액션 러닝 과제는 개인과 팀이 문제 해결을 위한 실행 의지를 발휘해 결과물을 만들어가는 효과적인 교수—학습의 한 형태입니다.

액션+러닝=액션 러닝은 레그 레반스가 1940년대에 그 개념을 처음 소개한 이후 각 조직(기업, 학교, 공공기관의 학습 팀)과 개인의 변화에 따른 다양한 방법론이 개발되어왔습니다. 모든 액션 러닝은 '실제 인물이, 실제 상황에서, 실제 문제를 해결하고 행동을 취하며 그 과정에서 학습한다는 개념'이 들어가야 합니다. 레그 레반스는 "액션 러닝이란 문제 상황에서 관찰 가능한 행동을 향상하는 의도적인 변화를 얻기 위해 현실적으로 복잡한 문제에 책임을 갖고 관여함으로써 학습이 이루어지는 지적, 감정적, 신체적 발전 수단이다"라고 말합니다.

미국 조지워싱턴대학교의 마이클 마쿼트 교수는 액션 러닝을 "소규모로 구성된 한 집단이 기업에서 현재 직면하고 있는 실질적인 문제를 해결해가는 과정에서 학습이 이루어지며, 그 학습을 통해 각 집단 구성원 및 전체 조직에 혜택이 돌아가도록 하는 프로세스이고 효과적인 프로그램"이라고 말합니다.

즉 액션 러닝은 성공적인 리더(개인)와 팀과 조직을 동시에 개발하는 놀라운 힘을 가진 문제 해결 도구이며, 팀과 조직이 실제 문제에 대한 해결안을 내고 그 안을 실행하면서 개인과 팀 그리고 조직이 학습하는 과정이라고 정의합니다. 그래서 수많은 교수자가 강의와 수업에서 액션 러닝을 적용하여 교육과 학교 현장의 문제 해결을 통한 성과 도출을 위해 다각도로 시도를 하며 다양한 액션 러닝을 개발하고 있습니다.

액션 러닝에 대한 정의와 내용은 학습조직의 문화와 가치에 따라 커스터마이징이 됩니다. 조직과 다르게 대학에서 교수-학습 전략으로서의 액션 러닝은 학습자들이 한 학기 16주 과정 동안 팀을 구성하여 그들 모두의 역량을 향상하기 위해 철저히 과제 중심으로 진행하는 팀 학습입니다. 강의하는 것이 아니라 학습자 중심의 참여 학습으로 액션과 러닝의 균형을 이루는 액티브 러닝입니다. 학습자(학생, 참가자)가 강의와 수업의 중심이 되려면 지금의 교수자 역할과 강의, 수업 환경에도 많은 변화가 필요합니다. 즉 지금까지의 교수자와 학습자의 역할이 많은 부분에서 바뀌어야 한다는 것을 인정해야 합니다. 그간 교수자들이 너무 많은 것을 친절하고 자세히 설명하면서 설득하고 열심히 가르쳐왔는데, 지금은 그 방법이 문제라고 말합니다. 강의와 수업이 가르치는 사람들을 위한 학습 활동 공간일 뿐 학습자를 수동적이고 기계적으로 만들기 때문에 바람직한 교육 현장은 아니라는 것이지요.

여기서 교수자들이 가장 많이 하는 질문을 함께 생각해볼까요? 러닝 퍼실리테이션 과정이나 창의적 액션 러닝 교수법 과정에 대한 다양한 운영 방법을 듣고 난 뒤 많은 교수자가 "다 좋은 이야기인데, 그럼 교과 진도는 언제 나가느냐?"라고 하며 그게 가능한 것인지를 묻습니다.

학교에서 학생들에게 교재에 따라 학습 내용을 전달해야 국가시험도 볼 수 있습니다. 게다가 학습자들에게 액션 러닝이라는 새로운 개념을 언제 어떻게 알려주고, 한정된 시간에 그런 다양한 활동을 하면서 수업을 정상적으로 할 수 있느냐는 것이지요. 이런 이야기는 늘 새로운 교수-학습 방법이 등장할 때마다 교수자 중심의 변하지 않는 강의식에 익숙한 변론이 되어왔습니다.

액션 러닝을 이야기할 때마다 교수자 주도 학습에서 학습자 주도 학습으로 전환해야 한다고 말합니다. 과거의 교육 내용과 이론을 학습하는 것에 머물지 않고, 더 나아가서 현재와 미래의 문제 해결에 초점을 맞춰 암기식의 개인학습보다는 토의, 토론과 성찰 질문을 통한 팀 중심으로 바꿔야 한다고 말합니다. 교실 안에서만 이루어지던 수동적인 교육에서 현실적인 문제와 과제를 발견하고 토론하며 실제 문제를 해결해나가는 살아 있는 교육경험이 중요해졌습니다. 이것을 가능하게 해주는 것이 바로 액션 러닝입니다. 바로 창의적 액션 러닝 교수-학습 전략이지요.

액션 러닝을 한마디로 이야기하면 조직이 소규모의 팀을 구성하여 현장의 실제적인 문제를 창의적으로 해결하면서 개인과 조직이 학습을 경험하는 프로세스라고 할 수 있습니다. 밥 파이크는 자신의 책《밥 파이크의 창의적 교수법》에서 액션 러닝을 "어떤 묘책이나 기법을 종합해서 모아놓은 것이 아니라 학습능력, 기억능력, 실용능력을 증진하는 방법을 통해 사람들이 효과적으로 학습하는 것을 돕는 시스템이다"라고 말합니다.

창의적 액션 러닝 교수–학습 전략이란, 학습 현장인 강의실과 수업에서 팀이나 개개인이 주도적으로 참여하여 학습이 일어나도록 퍼실리테이터 같은 강사나 교수자와 학습 참가자가 함께 만들어가는 모든 교수–학습 활동을 말합니다. 말 그대로 다양한 수업 퍼포먼스를 통해 러닝 효과를 끌어내는 액션 러닝 퍼실리테이팅 스킬입니다. '창의적 액션 러닝 교수–학습 전략이란 이런 것이다'라는 정답은 없습니다.

'액션 러닝이란 이런 것이다'라고 모든 조직, 학교, 교수자에게 적용되는 정답은 없는 것입니다. 그 액션 러닝이 대기업에 가면 해당 조직문화와 가치에 따라 커스터마이징이 되어 정의와 절차가 조금씩 수정되어 활용됩니다. 공공기관의 액션 러닝과 기업의 액션 러닝의 운영 마인드는 다릅니다. 지역사회나 공동체에서 액션 러닝을 받아들여 활용한다면 또 다른 프로세스로 개선됩니다.

어떤 교육이든 이루어지는 곳이라면 가르치는 내용뿐 아니라 학습을 촉진하고 완성해가는 방법이나 스킬이 전문가의 역량과 마인드에 따라 달라질 수밖에 없습니다. 그나마 기업조직과 공공기관은 액션 러닝이 일찍 받아들여져서 변화와 도전에 따라 개발되고 개선되며 다양한 도구와 환경을 지원하고 있습니다. 액션 러닝 리더십과 액션 러닝 코칭으로 능동적으로 진화하고 변화하는 것입니다.

다시 학교로 가볼까요? 사범대학이나 교육학과 교수자를 제외하고 수많은 교수자가 가르치는 기본 기술을 학습하지 않고 오래전에 교수자 본인이 학생으로서 수업을 들었던 경험에 기반하여 학생들을 가르칩니다. 이런 교수자는 학생을 가르치고 교육하기보다는 연구에 집중하는 편입니다.

우리가 학습하는 수업 내용, 교수-학습, 리더십, 코칭, 마케팅, 소통, 협상, 창의적 문제 해결 기법, 시간관리 진로지도와 취업 등은 대부분 체험으로 익혀야 합니다. 그래서 우리는 대화하고, 토의하고, 영상을 보고, 현장을 인터뷰하고, 게임화된 과정에 참여하면서 피드백과 성찰을 합니다. 학습자가 만족스러운 방법으로 그 개념을 인식하도록 다양한 방법을 활용하여 학습자의 가능성과 잠재능력을 발휘하도록 도와주고 격려하는 것 역시 창의적 액션 러닝 교수-학습 전략이라고 할 수 있습니다.

코로나19 팬데믹 시기를 경험하면서 액션 러닝이 더 역동적이고 적극적인 활동을 포함하는 액티브 러닝의 범주 안에서 함께 논의되고 있습니다. 액션 러닝이 교수자 중심의 수업에서 살아 움직이는 학습자 중심의 경험학습으로 정착하려면 수많은 시행착오를 거쳐야 할 것입니다. 교육 현장이 바뀌고 교육이 가능한 테크놀로지가 바뀌면서 학습자의 학습 방법도 변화하고 있습니다. 교수자의 교육에 대한 진정성과 열정에 기반한 스킬과 전문 콘텐츠가 중요한 때입니다. 지금은 정답이 없는 다양한 솔루션을 찾아가는 세상입니다. 내용 전문가인 교수자가 콘텐츠를 전달하는 강의식 수업이 불가피하더라도 액티브 액션 러닝과 같이 학습자 주도적 학습이 필요하다는 사실은 그 어떤 교수-학습 방법이 나와도 변하지 않습니다.

학교 수업과 강의 현장에서 '창의적 액션 러닝 교수-학습 전략'을 적용하고 개발하면서 느끼는 것이 있습니다. 실시간으로 교육 현장에서 최상의 인간관계(라포르)를 형성하고 강의실 리더십을 발휘하며 효과적인 소통과 티칭 기반 코칭 대화력, 진정성 있는 교육 서비스가 체험학습으로 이루어지게 하는 힘이 있다는 것입니다.

지금까지 이야기해온 IOCFA 프로세스는 우리의 수업을 살리는 유쾌한 교수-학습 전략이 될 수 있습니다. 먼저 교수자들이 개인적, 직업적, 조직적 차원에서 러닝 퍼실리테이션 능력과 액션 러닝 프레젠테이션 스킬을 향상할 수 있는 창의적 액션 러닝 교수-학습 전략의 핵심요소를 익혀야 합니다. 핵심요소는 스팟, 아이스브레이크, 팀빌딩입니다. 교수자는 효과적인 액션 러닝을 운영하기 위해 놀이, 교육 게임, 다양한 레크리에이션 활동이라는 도구를 선택하는데 스팟, 아이스브레이크, 팀빌딩은 이러한 도구의 일환입니다.

이 IOCFA 프로세스를 활용하면 학습자의 주의력을 높이고 유쾌하고 능동적인 최상의 학습 경험을 공유하는 창의적 액션 러닝이 가능해질 수 있습니다. 스팟, 아이스브레이크, 팀빌딩이라는 다양한 액티비티와 프레임워크를 효과적으로 활용하면 팀플레이가 활성화되고 교수자의 전체 강의를 유쾌하게 진행할 수 있습니다. 처음 만난 학습자와 교수자, 학습자와 학습자 간에 라포르를 형성하고 신뢰하는 학습팀을 만들어가기 위해서는 다양한 아이스브레이킹 기술이 필요합니다.

관계 형성 및 팀빌딩은 시작일 뿐입니다. 이제 매주 만나게 될 학습자들과 학습 목표 촉진을 위한 오프닝이 중요합니다. 물론 외적 동기요소와 내적 동기요소를 효과적으로 활용해야 하며, 매주 오프닝을 준비해야 합니다. 시작이 반이라면 끝이 좋아야 지속적인 팀학습 활동을 이어갈 수 있습니다. 학습자에게 재미와 의미를 넘어서 감동까지 줄 수 있는 수업이 이루어질 수 있도록 클로징도 고민해야 합니다. 그런데 지금도 "진도 나가기도 벅찬데, 언제 그런 활동을 다 하느냐? 수업 중에 스팟팅이 왜 필요하느냐? 그까짓 아이스브레이킹 놀이 같은 활동이 수업에 어떤 도움이 되느냐?"라고 묻는 교수자가 많습니다.

수업을 살리는 유쾌한 교수 – 학습 전략, IOCFA 프로세스에서 제공하는 다양한 콘텐츠는 액티브 러닝을 위한 아이스브레이킹, 오프닝과 클로징의 주제나 질문, 문제 해결을 위한 토론의 프레임워크가 됩니다. 교수자는 이러한 자료를 수업 내용과 접목하여 활용할 수 있습니다.

이제 마지막으로 여기저기 날아다니는 생각과 아이디어를 활용하면서 나의 콘텐츠로 만들어갈 수 있는 3, 6, 9 기법을 소개하며 마무리합니다. 강의를 살리는 1, 2, 3분 스팟 기법과 강사를 살리는 4, 5, 6분 아이스브레이킹 기술, 더 나아가서 팀을 살리는 7, 8, 9분 팀빌딩 기술과 학습을 촉진하는 프레임워크를 효과적으로 활용한다면 어떤 강의 활동이든, 어떤 주제든 강의 구성원들을 불타오르게하는 마술 같은 일이 일어날 것입니다.

6 강의를 살리는 1, 2, 3분 스팟 기법

'스팟spot'이라고 하면 무엇이 연상되나요? 강의(수업)를 하면서 한 번쯤은 스팟에 대해 나만의 정의를 내리고 정리를 하는 시간이 필요합니다.

제가 스팟에 대해 내린 정의는 짧고short, 틀을 깨뜨리며paradigm shift, 마음을 열고open mind, 입맛을 다시게 하는taste 것입니다. 이 스팟에 대한 정의는 지금까지 다양한 주제로 강의를 하면서 경험하고 가지고 있는 많은 데이터를 한순간에 스팟 폴더에 정리하게 해주었습니다. 우리 일상 주변에 단순하고 짧은 것, 고정관념을 깨뜨리면서 마음을 활짝 열게 하고 다시 경험하며 입맛을 다시게 하는 것들이 무엇인가요?

내겐 짧은 시 한 편이 핫 스팟hot spot이 되어 학습자의 마음을 열어주고, 나의 선입견을 깨는 경험을 하게 합니다. 그림이나 사진 한 장이 더 많은 말과 메시지로 호기심과 궁금증으로 다가가게 하고,

상황에 적절한 짧은 유머가 웃음 짓게 하기도 합니다.

짧은 1, 2분의 시간에 명상의 효과를 줄 수 있는 호흡의 기술도 주의 집중하는 데 효과적입니다. 스팟의 사전적 의미는 지점, 장소, 현장, 잠시, 즉석의, 프로그램 사이에 끼인 것입니다. 스팟은 삶의 순간순간 특정 장소에서 즉석에 상황을 반전시키는 짧은 것들, 마음을 열게 하며 편견을 무너뜨리고 맛보게 하는 그 어떤 것입니다. 다시 정리하자면 "스팟(기법)이란 짧은 시간 내에 교육 참가자나 상대방의 주의를 집중시키고, 적극적이고 긍정적인 참여를 유도하며 일체감과 성취욕을 북돋우는 고도의 심리 연출법입니다."

아침 조회에서, 수업이나 강의에서, 코칭 대화나 조직 내 미팅과 프레젠테이션에서 주의를 집중시키거나 참석자들의 마음을 열고 적극적으로 참여할 수 있도록 그들에게 좋은 경험을 주거나 선입견을 깨뜨리는 짧은 것들이 있는지요? 이 책을 읽고 있는 여러분에게 스팟이란 무엇입니까?

1~3분 이내의 짧은 시간에 학습 참가자의 마음을 활짝 열고 강의 분위기를 반전시킬 수 있는 짧은 것들을 목록화하는 작업을 해야 합니다. 스팟 아이디어와 재료는 강의 주제와 대상에 따라, 강사의 성향에 따라 달라집니다. '이런 것도 스팟이 되나' 싶을 만큼 스팟에 대해 한마디로 정의를 내리는 것은 쉽지 않습니다. 강의하는 사람의 선호도와 활용에 따라 달라지겠지만, 일단 1~3분 내에 현장에서 즉석으로 활용하여 강의를 살리는 콘텐츠를 개발하고 자료화하는 관심이 중요합니다. 아주 짧은 순간의 관찰이 좋은 관계를 촉진하기도 합니다.

계획적인 아이스브레이킹과 다르게 스팟은 특정한 장소와 상황과 대상에 따라 즉석에서 그 순간 짧게 활용할 수 있는 순간 테크닉입니다. 강사나 교수자의 경험과 장소와 상황을 읽는 관점에 따라 전혀 생각지도 못한 자료와 아이디어가 스팟에 효과적으로 활용되어 강의 분위기를 살릴 수 있습니다.

그냥 잠시 시간을 때우는 오프닝, 어프로칭 정도라고 생각한다면 스팟은 쉬운 것 같으면서도 어렵고 만만치 않을 것입니다. 강의 청중이든, 일상에서 만나는 고객이든, 친구들과의 만남이든, 가정에서 자녀들과의 만남이든 지금 내가 만나고 있는 사람들의 마음을 열어 나에게 집중시키는 나만의 스팟 레퍼토리를 정리해봅시다. 스팟이라고 하면 으레 떠오르는 퀴즈(난센스 퀴즈부터 다양한 퀴즈)나 게임(박수부터 다양한 레크 스팟), 짧고 활동적인 노래, 순간적으로 사람들의 마음을 빼앗는 마술, 계절과 상황에 어울리는 뮤직비디오, 유머 외에 또 뭐가 떠오르나요?

다음의 목록을 연구하면서 계속 업데이트한다면 다양한 사람과 상황에 적용할 수 있을 것입니다.

① 명패 만들기로 스몰토크를 해봅시다. A4 용지를 네 번 접어 A 텐트를 만듭니다. 양쪽 면에 자기 이름을 쓰고 오른쪽이나 왼쪽 위에는 하고 있는 일, 행복지수, 목표, 버킷리스트 등을 써 보게 하면서 주변 사람과 스몰토크를 유도하는 것도 효과적인 소통 방법입니다.

② 스팟에 대해 브레인스토밍을 해봅시다. 스팟이라고 하면 떠오르는 것이 무엇인지 동료와 함께 이야기할 수 있는 시간을 주세요. 스팟에 대한 생각과 아이디어를 꺼낼 수 있는 짧은 시간이 스팟에 대한 자기 생각을 정리하며 동료의 생각과 아이디어를 공유할 수 있는 상호작용의 기회가 됩니다. 스팟이라는 이슈로 브레인스토밍+마인드스토밍+브레인라이팅을 해보세요. 일단 시작하면 생각지도 못한 수많은 생각과 아이디어가 쏟아져 나올 것입니다.

③ 스토리텔링에 대한 나만의 정의 내리기와 정리하기를 해봅시다. 스토리 스팟을 농담이나 잡담 정도로 가볍게 생각하지 마세요. 이 과정에서 수많은 스토리 스팟이 만들어지기 때문입니다. 잭 캔필드의 《마음을 열어주는 101가지 이야기》 시리즈나 탈무드, 이솝우화, 그림동화를 활용하면 스토리텔링의 힘과 학습효과를 경험하게 될 것입니다. 우리가 만나는 학습자들이 자기 이야기를 하고 싶어 하는 이야기꾼이라는 것을 발견할 수 있습니다. 나와 너의 이야기를 하며 우리의 이야기를 할 수 있게 출발해보세요.

④ SNS에서 유명했던 하상욱의 시 또는 그림이 있는 박노해의 시처럼 짧지만 의미 있는 메시지가 담긴 시를 효과적으로 활용해보세요.

⑤ 백문이 불여일견입니다. 카툰 스팟으로 순간을 잡아보세요. 광화문 글판, 영화 포스터, 책 이미지 등 시간관리, 팀 리더십, 소통, 창의성, 자기관리를 의미하는 이미지를 개발하고 모으세

요. 가장 짧은 스팟 중에 단연코 사진, 이미지를 빼놓을 수 없을 것입니다. 지금은 누구나 쉽게 사진을 찍고, 그림이나 만화를 그려 활용할 수 있습니다. 이미지와 그림, 사진을 콘텐츠화하는 작업을 소홀히 하지 마세요. 우리의 오감 중에 시각이 정보와 지식을 받아들이는 데 가장 효과적이라는 사실을 잊지 마세요!

⑥ 그림 그리기(10초와 10분의 의미)로 시간관리의 중요성을 인식하게 해보세요. 그림의 내용이 무엇이든 10초 만에 그릴 수 있는 것과 10분 동안 그릴 수 있는 것은 큰 차이가 있습니다. 직접 그려보면서 시간 투자의 중요성과 창의성에 대해 생각해볼 수 있습니다.

아래 그림을 10초 동안 좀 더 멋지고 완성된 그림으로 그려보세요. 참여해서 그림을 그려본 학습자들의 경험은 다양한 피드백으로 나타납니다.

⑦ I BEST – 창의력이란 '개선'을 가져오는 능력이다!

I BEST 할 수 있는 것들을 써보세요. 주제나 어젠다는 무엇이라도 좋습니다. I BEST, 최고의 나를 만들어가기 위한 창의적인 개선 게임을 해봅시다. "생태계에서 살아남은 종은 생존력이 강하거나 똑똑한 종이 아니라 단지 변화에 잘 적응하는 종이었다"라고 말합니다. 남들과는 다르게 행동하고 시간을 사용했기 때문에 다른 결과를 얻게 된 것입니다. 최고의 모습을 만들어가는 카이젠Kaizen 게임을 시작해봅시다.

⑧ 마이크로 러닝, 마이크로 콘텐츠(마이크로 티칭micro-teaching, 마이크로 토킹micro-talking, 마이크로 매니징micro-managing)에 관심을 가지고 창의적으로 접근하여 개발해보세요. 작은 것이 아름답다고 하지요. 작고 미미하지만 큰 영향력과 가치를 만들어내는 것이 무엇일까요? 짧고 간결하고 단순한 것이 가지는 힘을 소홀히 하지 마세요.

⑨ 자신이 직접 찍은 사진으로 강의 오프닝과 클로징에서 스토리 텔링을 해보세요.

⑩ 속담, 명언, 격언, 잠언, 우화, 감동적인 휴먼 스토리를 적절하게 활용해보세요. 오프닝과 클로징에서 자극과 감동을 주면서 활용할 수 있는 휴먼스토리를 목록화해보세요. 가능하다면 휴 먼스토리의 주인공에 관한 책과 영화, 만화를 한 달에 한두 편 보는 것도 좋습니다.

⑪ 능동적인 레크(게임) 스팟을 효과적으로 활용하세요.

- 가위바위보, Knot game, 3 Things Change 스팟팅에서 가장 효과적이고 강력한 콘텐츠가 레크 게임입니다. 이 게임이 오프닝이나 클로징 또는 교육 내용과 어떤 관련이 있는지를 생각하면서 선택한다면 그 레크 스팟은 목적 있는 콘텐츠가 될 것입니다. 이때 가십거리나 시간을 때우기 위한 게임 스팟이 되지 않도록 신경을 써야 합니다.

⑫ 책 이미지를 활용하여 정보를 주는 스팟팅을 해보세요. 대형 서점을 걸으면서 또는 중고책방을 뒤지면서 만나는 책 표지만 보아도 독서라고 할 수 있습니다. 존 메디나 박사의 《브레인 룰스》의 차례를 읽는 것만으로도 상당한 지식과 정보를 얻을 수 있으며, 액티브 러닝의 핵심을 파악할 수 있습니다. 머리부터 발끝까지 우리를 움직이는 열두 가지 두뇌의 법칙에 관한 책이지만, 강사의 관점에서 학습 내용을 알차게 디자인하고 학습자를 촉진하는 방법에 대한 아이디어가 넘칩니다. 특히 1시간짜리 수업(강의)에서 10분 규칙을 오프닝과 클로징 관

점에서 어떻게 적용하고 활용할 수 있을지를 생각해볼 수 있는 좋은 자료를 만나게 될 것입니다. 마찬가지로 교육과 혁신 연구소장인 이혜정 교수가 쓴《서울대에서는 누가 A+을 받는가?》의 차례를 읽는 것만으로도 훌륭한 독서가 될 수 있습니다. 팀플과 PBL에 대한 생생한 현장 모습, 자료, 아이디어를 얻을 수 있습니다.

"나는 날마다, 모든 면에서, 점점 더 좋아지고 있다." 이 문장은 에밀 쿠에 박사가 쓴《자기암시》라는 책 표지에 쓰인 긍정적인 자기 암시 문장입니다. 교수자에게 학습자의 몸과 마음을 치유하고 위로할 수 있는 기회가 얼마나 될까요? 이 긍정적인 자기암시 문장은 학습자의 자부심을 높여줍니다. 상상은 언제나 우리의 의지를 이깁니다. 긍정적인 자기암시가 학습에 미치는 효과는 큽니다. 교수자의 말과 태도도 학습자의 의식과 정신에 영향을 준다면, 학습자를 만나기 전 교수자의 셀프 아이스브레이킹과 자기 스팟팅도 중요합니다.

MIT 미디어랩 교수인 미첼 레스닉의《미첼 레스닉의 평생유치원Lifelong Kinder garten: Cultivating Creativity through Projects, Passion, Peers, and Play》은 그 원제목에 모든 내용이 담겨 있습니다. 이 책은 팀 프로젝트 학습의 4P에 대한 내용을 담고 있습니다. 팀플 수업이나 PBL 수업을 진행하는 교수자와 평생학습자에게 아이디어와 창의력을 심어줍니다.

⑬ 핵심 단어를 연결하여 스팟팅을 해보세요.

- Learn-Relearn-Unlearn

⑭ 신문기사를 활용한 오프닝과 클로징 스팟을 계획하세요. 10대부터 60대에 이르기까지 각 세대를 대표하는 한 글자로 된 단어를 찾아보세요.

⑮ 클로징의 단골 주제는 휴먼 스토리입니다. 의미 있고 감동적인 클로징 스팟을 계획해보세요. 발레리나 강수진, 야구 감독 김성근, 기업가 스티브 잡스, 스포츠 스타 안세영, 영화배우 유지태, 복지회복병원의 이윤환 이사장 등 감동을 주는 유명인의 포인트를 목록화해서 데이터화하는 노력이 필요합니다.

⑯ 오프라 윈프리의 1일 5감사로 오프닝과 클로징을 해보세요. 감사할 것을 공유하는 것이 스팟팅이 될까요? 물론입니다. 조금만 관심을 가지고 관점을 달리하면 모든 것이 스팟팅이 될 수 있습니다. 스팟팅과 아이스브레이킹의 고전인 좋은 뉴스를 공유하는 시간만큼이나 오프닝과 클로징에서 효과적으로 활용할 수 있는 주제가 1일 5감사입니다. 잘 생각해보면 모든 일이 감사할 것들입니다. 그렇지 않나요? "감사하면 감사할수록 감사할 거리가 많아진다!"라는 말이 있습니다. 걱정과 불안에 휩싸인 학습 참가자들이 감사를 공유한다면 긍정의 에너지가 넘치게 될 것입니다.

⑰ 영화 포스터를 활용한 스토리스팟으로 오프닝을 해보세요.

• 〈오즈의 마법사〉: 학습자들이 영화 포스터를 보는 순간 호기심과 궁금증으로 집중력이 향상됩니다. 옆에 동료와 함께 영화 이야기를 시작하는 순간 옛날의 기억 속으로 들어

갑니다. 〈오즈의 마법사〉의 핵심 줄거리를 동료에게 듣고, 교수자의 스팟 메시지로 정리하면 됩니다.

- 〈패치 아담스〉: 사람의 이름을 불러준다는 것의 의미를 돌아보게 하는, 사람을 만나는 일을 하는 사람이라면 꼭 보아야 할 영화입니다. 영화를 보고 나면 헌터 아담스에서 패치 아담스로 이름이 바뀐 이유를 알게 됩니다. 영화 포스터 한 장을 자세히 들여다보면 본질과 원칙에 대해 많은 것을 생각할 수 있습니다.
- 〈슬램덩크〉까지 영화 포스터를 활용한 스팟팅은 무궁무진한 데이터 폴더가 될 것입니다.

⑱ '만약에 … 한다면, If …' 질문으로 스몰토크를 하며 마음을 열게 해보세요.

- 현실에서 이루어질 수 없는 일을 '만약에'라는 단서를 붙여 질문하는 게임으로, 자신과 타인의 솔직한 속마음을 알아내고 서로에 대해 진지하게 생각할 수 있는 기회를 만들어 줍니다.
  - 만약에 지금까지 출판된 책들 중에 저자의 이름을 지우고 자신의 이름을 쓸 수 있다면, 어떤 책에 당신의 이름을 쓰고 싶은가?
  - 만약에 나의 성별이 바뀐다면 어떨 것 같나요?
  - 만약에 갑자기 특별한 능력이 생긴다면, 어떤 능력을 갖고 싶나요?

이런 기가 막힌 질문 수백 가지를 책 2권에서 만날 수 있습니다.

⑲ 자본주의를 움직이는 세 가지 손 스토리텔링으로 클로징을 해 보세요.

- 자본주의를 움직이는 손이란 무엇인가요? 보이지 않는 손, 보이는 손, 또 하나는 무엇일까요? 바로 겸손입니다. 겸손은 머리의 각도가 아니라 마음의 각도이기 때문입니다.

⑳ 완성충동을 활용한 문장 완성을 수업 전반에 적극적으로 활용해보세요.

- 코칭이란? 퍼실리테이션이란?

㉑ Evaluation의 4단계 질문으로 클로징을 해보세요.

- Like it? Learn it? Use it? Make it difference?

강사를 살리는 아이스브레이킹 내용을 정리해봅시다.

① 나만의 아이스브레이킹이란 무엇인지 브레인스토밍을 한 뒤
에 정의를 내려보세요. 아이스브레이킹 하면 무엇이 떠오르는
지 동료와 이야기 나누어봅시다. 학습 참가자들 간에 어색하
고 서먹한 침묵(얼음)을 깨뜨려, 마음을 열고 상호 교류를 하며
적극적인 학습 참여를 돕는 스킬을 개발합시다.

② 책에서 발견한 주제를 아이스브레이킹에 활용해보세요. 조금
만 관심을 가지면 문제 풀이나 퀴즈, 사례를 아이스브레이킹
에 활용할 수 있습니다. 지그 지글러는 자신의 저서《정상에서
만납시다》의 첫 장에 나오는 "정사각형은 모두 몇 개인가?"라
는 문제를 통해 자신이 원하는 메시지를 끌어냅니다.
다음 그림에서 몇 개의 정사각형이 보이나요? 모두 찾아보세

정사각형은 모두 몇 개인가?

요. 정사각형이 17개로 보이는 사람도 있을 것입니다. 좀 더 자세히 살펴본 사람들은 정사각형을 22개까지 발견합니다. 잠깐의 시간으로 지금 우리가 하고 있는 일과 관계 속에서 더 많은 것을 끌어내는 경험을 할 수 있을 것입니다.

(정답은 30개입니다. 어떻게 30개가 만들어지는지 조합해볼까요?)

③ 버추 카드를 활용하여 서로의 가치가 다름을 인정하게 해보세요.

④ 빙고bingo 게임으로 전체가 어우러지게 해보세요.

⑤ 뇌구조를 그리면서 서로의 생각을 공유해보세요.

⑥ 사진과 이미지를 활용한 촉진학습을 개발해보세요.

⑦ 광화문 글판 이미지를 활용하여 오프닝과 클로징을 효과적으로 만들어보세요.

　• 30년이 훌쩍 넘은 광화문 글판은 오프닝과 클로징을 위한

보물창고로 활용할 수 있습니다. 예컨대 광화문 글판을 검색하여 '질문'이라는 단어가 들어간 짧지만 멋진 문장을 모아보세요. "이 우주가 우리에게 준 두 가지 선물, 사랑하는 힘과 질문하는 능력."

⑧ 다양한 인터뷰 방식을 활용한 자기소개를 계획해보세요.

⑨ 질문 아이스브레이킹 방식을 개발하여 마음을 열게 해보세요.

⑩ 다이어그램과 다양한 도표(피라미드, 스퀘어, 서클 등)를 활용하여 학습 토론을 운영해보세요.

⑪ 피그말리온 효과 스토리텔링으로 긍정적 기대학습을 촉진해보세요.

⑫ 내 인생의 곡선 그리기로 자기성찰의 기회를 제공해보세요. (뇌는 즐거운 기억을 좋아합니다.)

⑬ 5W1H 카드를 활용하여 오프닝과 클로징을 계획해보세요.

⑭ 에빙하우스의 망각곡선 극복을 위한 면대면 학습방법을 계획해보세요.

⑮ 수업을 살리는 유쾌한 교수 - 학습 전략 A to Z 게임으로 정리 효과를 만들어보세요.

⑯ C.O.R.E의 핵심 내용을 재학습하며 마무리해보세요.

⑰ 당신은 아문센인가요, 스콧인가요? (《위대한 기업의 선택》의 10X 리더 스토리텔링을 활용하세요.)

⑱ 강점 기반 사례로서 짐 애벗의 스토리텔링을 이용해 학습자의 긍정 마인드를 강화해보세요.

⑲ 빙고 게임으로 ACTor가 되어보세요!

⑳ 용혜원의 시 〈너를 만나면 더 멋지게 살고 싶어진다〉를 활용
하여 스킨십이 있는 클로징을 해보세요.

조직에서는 학습이나 일 대부분이 팀 단위로 진행됩니다. 팀을 떠나는 사람의 95%는 다른 사람과 잘 어울리지 못하기 때문이며, 나머지 5%는 기술이나 능력 부족 때문이라고 합니다. 팀의 일원으로서 자신의 역할을 충실히 수행하고 팀 기여도를 높이기 위한 팀워크, 팀빌딩, 팀 그라운드룰부터 시작하세요.

먼저, 팀이란 무엇이며 어떤 팀을 만들고 싶은지 등을 토의를 거쳐 협의해야 합니다. 최고의 학습 성취를 위한 방법 중 하나가 팀으로 학습하는 것입니다. 팀 프로젝트, 팀 학습을 통해 성장과 성과를 이루려면 먼저 학습자들이 소속 팀에 대해 정의를 내리고 팀을 명확하게 인식한 뒤 시작하는 것이 필요합니다. 따라서 나에게 팀이란 무엇이고, 왜 팀십(팀 정신)이 필요한지를 서로 토론하게 합니다.

여기서 말하는 팀빌딩은 액션 러닝이나 팀 프로젝트에서 형성되는 팀 활동에서 팀 이름을 만들고 팀장과 함께 팀 그라운드룰을 정해 팀 구호를 외치는 것 이상의 프로그램입니다. 팀빌딩은 팀, 팀원, 팀 미팅, 팀 학습의 내용과 과정에 기여할 수 있는 프로그램입니다. 특히 팀빌딩은 팀 활동이 좀 더 즐거워지도록 촉진하고 팀 구성원 간에 학습과 신뢰 발달을 용이하게 하는 데 게임이 사용될 수 있습니다. 팀의 창의력과 발전을 돕고 학습 촉진을 통해 조직을 살리는 팀빌딩을 시작해봅시다.

1. 팀이란 무엇인가?

나에게 팀이란 ○○○이다.

- 팀원들이 서로 돌아가면서 최고의 팀, 최악의 팀 경험을 공유하여 팀워크를 만들어보세요.
- 팀에 대한 나만의 정의를 내리고 정리하여 팀원들과 브레인스토밍으로 팀에 대한 생각을 나누어봅시다.

팀이라고 하면 무엇이 떠오르나요? 그리고 나에게 팀이란 무엇인가요? 울타리인가요, 한 가족인가요, 공동체인가요? 시너지 효과인가요, 무지개인가요? 아니면 모래알 같은 조직인가요? 그들만의 리그인가요? 다 아는데 나만 모르는 따로국밥 같은 존재인가요? 왜 이런 느낌, 생각, 감정이 드는 것일까요?

알파벳 T.E.A.M으로 시작하는 단어 4개를 활용하여 지금 나의 조직, 나의 팀을 표현하는 방법을 살펴봅시다.

제가 생각하는 팀이란 Trust - Evaluate - Assist - Mission이라고

정의 내릴 수 있습니다.

Trust(신뢰) 자신의 일에 자부심이 높고 동료들과 함께 일하는 것이 즐거울 때, 개인과 팀의 성과가 높아지게 만드는 핵심요소를 말합니다. 팀원이 스스로 역량을 발휘할 수 있다는 믿음이 조직 전반에 뿌리내리게 하는 원칙입니다.

Evaluate(평가) 팀에서의 평가는 공정해야 합니다. 평가란 괴로운 일이지요. 그러나 평가가 없으면 발전이 없는 법입니다. 자칫 평가가 사정이나 처벌을 목적으로 운용되면 신뢰를 잃기 쉽습니다. 따라서 평가의 객관성과 신뢰성을 높이기 위해 평가 결과를 본인에게 피드백함으로써 발전의 계기가 되도록 유도하는 게 바람직합니다.

Assist(도움 주기) 팀의 매력은 구성원들이 서로 신뢰하고 잘 도와주는 데 있습니다. 축구나 농구 경기에서 공을 넣는 사람이 중요하지요. 그러나 팀에 공을 넣을 수 있도록 도와주는 선수가 없다면 공을 넣는 일은 불가능합니다. 팀은 일을 추진하는 과정에서 팀원이 일을 잘할 수 있게 도움을 주도록 노력해야 합니다. 동기부여를 잘하는 감성 리더처럼!

Mission(사명, 목적) 인간의 존재 이유와 삶의 목적입니다.

내가 생각하고 만들고 싶은 팀은 이런 네 가지 가치를 가지고 있는 팀입니다.

가끔씩 강의 중에 내용과 맥락에 맞추어 팀십을 이야기하면서 모둠별, 팀별로 자신이 소속된 팀에 대해서 어떤 팀이고 싶은지, 어떤 팀을 만들고 싶은지 팀원끼리 의견을 모아보라고 요청할 때가 있습니다. 예를 들면 아래에 주어진 단어들을 참고하여 팀과 팀십에 대한 각 팀의 생각을 공유하는 시간을 가지는 것입니다.

나에게 팀이란? (왜 팀십인가?)

T	E	A	M
Together	Everyone	Achieve	More
Trust	Evaluate	Assist	Mission
Talents	Endless	Able	Make
Twinkle	Effective	Add	Meet
Telepathy	Eager	Accomplish	Major
Titanic	Evolution	Ace	Maximum
Tenderness	Expansive	Ability	Miracle
Treasure	Excellent	Amazing	Magnify

지금 내가 참여하고 있는 팀, 조직은 어떠하기를 원하나요?

알파벳 T.E.A.M으로 시작하는 단어 4개로 나의 팀을 표현해보세요. 팀원 5~8명이 브레인스토밍을 통해 팀의 가치를 생각하면서 조율해나갈 때 팀에 필요한 가치와 아이디어가 번뜩이는 활동이 됩니다. 학습 참가자들끼리 팀십을 공유하면서 활동할 수 있는 팀빌딩의 첫 오프닝 프로그램으로 좋은 시간을 만들 수 있을 것입니다.

예시를 몇 가지 소개하면 다음과 같습니다.

Together	Everyone	Achieves	More
(함께 모든 사람이 조금 더 성취해가는 팀)			
Turbo	Energy	Action	Move
Terrible	Emergency	Accident	Mens
Telling	Ear	Advice	Member
To	Enhance	All	Moving
Together	Energy	Associate	Miracle
Technical	Energy	Activity	Move, move, move
Trauma	Emergency	Alarm	Miracle
Try	Energetic	Action	More than now
Team	Enough	Advance	Member
Top	Energy	A plus	Member

자기 팀이 이렇게 활동하며 목표를 이루어가는 팀이기를 정의 내리면서 팀십을 모으는 멋진 시간을 만들어봅시다. 선택된 단어 4개를 가지고 멋진 포스터를 만들고 카피를 완성하며 팀빌딩 시간을 가질 수 있을 것입니다.

2. 기러기 리더십

기러기의 특성에서 배우는 팀워크 스토리텔링입니다. 팀 리더십, 팀워크, 팀 구성 및 팀에서의 역할에 대한 많은 사례를 볼 수 있습니다. 동료와 팀워크에 대한 글을 읽으면서 팀의 특성을 정리해봅

TEAMWORK

When geese fly in formation, they travel 70% faster than when they fly alone.

Geese share leadership. When the lead goose tires, he(or she) rotates back into the "V," and another flies forward to become the leader.

Geese keep company with the fallen.

When a sick or weak goose drops out of the flight formation, at least one other goose joins to help and protect.

시다. 기러기 리더십을 통해서 팀워크가 중요한 이유 세 가지 이상을 찾아보세요.

3. 팀 편성 및 팀빌딩을 위한 Play DiSC

자기진단 및 팀빌딩을 위한 기본 진단지입니다.

강의에 참여한 사람들의 타고난 행동 유형을 알고 싶을 때 Play DiSC 게임을 이용할 수 있습니다. 학습 참가자들은 주도형, 사교형, 안정형, 신중형 중에 어떤 유형의 사람이 더 많은지, 참가자의 유형 분포는 어떠한지 등을 아이스브레이크 게임으로 간단히 파악할 수 있습니다. 팀플을 구성하기 전에 효과적인 팀빌딩을 위해 이 간단한 진단을 활용하여 팀 구성을 할 수 있습니다.

다음에 제시된 각 항목의 15개 단어 중 자신을 잘 표현하거나 자신의 행동 성향을 잘 설명하는 단어에 동그라미 표시를 하면서 60개의 단어를 읽어나가면 됩니다.

솔직하다	쾌활하다	충직하다	심각하다
힘차고 자기 중심적이다	생동감 있다	겸손하다	재치 있다
공격적이다	감정적이다	고분고분 너그럽다	일관성이 있다
직접적이다	활기가 넘친다	유쾌하다	정확하다
거칠다	사람 중심적이다	친절하다	완벽주의자다
용감하다	충동적이다	상냥하다	조심성 있다
경쟁적이다	표현한다	협조적이다	엄밀하다
위험을 감수한다	말이 많다 (수다스럽다)	신사적이다	사실에 입각한다
논쟁을 즐긴다	재미있다	인내한다	논리적이다
대담하다	즉흥적이다	견고하고 변함없다	조직적이다
주도적이다	낙관적이다	평화주의자다	의식적이다
독립적이다	열정적이다	좋은 경청자다	기준이 높다
즉시 한다	사교적이다	동의하고 양보한다	예의 바르다
굳건하다	호감을 준다	우유부단하다	분석적이다
주장이 강하다	자신 있다	배려한다	요령이 없다

다 읽은 뒤 각 항목의 15개 단어 중 동그라미 표시를 한 숫자를 제일 위 빈칸에 써넣으면 됩니다. 가장 숫자가 큰 항목이 나의 행동 유형이 됩니다. 행동 유형은 항목별로 주도형(D) - 사교형(I) - 안정형(S) - 신중형(C) 순서입니다.

각 유형을 간단히 정의하면 아래와 같습니다.

주도형 목표와 성취 지향적으로 일한다. 활동적이고 도전적인 환경에서 최고의 능력을 발휘한다.

사교형 사람들을 말로 설득하며 관계 지향적으로 일한다. 친밀하고 호의적인 환경에서 최고의 능력을 발휘한다.

안정형 다른 사람들을 지지하며 서로 협력하는 방식으로 일한다. 동의하고 화목한 환경에서 최고의 능력을 발휘한다.

신중형 일을 바르게 하고 세밀한 것에 집중하는 방식으로 일한다. 구조적이고 조직적인 환경에서 최고의 능력을 발휘한다.

위 네 가지 정의를 기초로 자신의 개인적 행동 유형을 설명해봅시다.

나는 일할 때, _____하는 경향이 있습니다.

그리고 내가 가장 일을 잘할 수 있는 환경은 _____입니다.

Play DiSC를 시작해봅시다.

---

① 우리 행동 유형의 강점과 약점은 무엇인가요?

② 우리 행동 유형의 특징은 무엇인가요?

  – 식당에서 식사할 때

  – 엘리베이터를 탈 때

  – 운전할 때

  – 세미나에서 토의할 때

③ 우리의 행동 유형을 상징하는 것은 무엇인가요?

- D-i-S-C 네 가지 코드의 결합에 따른 역동성을 팀 구성과 팀플레이에 적용하기
- ERRC 프레임워크로 팀빌딩하기
- DiSC 행동 유형 중 강점과 약점 비교하기
- DiSC 유형별 양립성 분석을 통한 팀플레이 팀 구성 제안하기
- DiSC 유형별로 리그루핑하여 테이블을 운영한 후 T차트에 강점과 약점 기록하기

4. 액션 러닝 팀 활동 성찰 프레임워크 - ERRC

팀 성찰 게임으로 ERRC 활동을 하면서 팀빌딩을 할 수 있습니다. 이는 하나의 목표를 중심으로 팀의 방향을 정리할 수 있는 훌륭한 프레임워크가 될 것입니다. 우리 팀에서 없애거나 줄여야 할 말과 행동에는 어떤 것이 있을까요? 우리 팀에서 더 늘리고 창조해야 할 태도에는 어떤 것이 있을까요? 액션 러닝 팀 활동을 정리할 때마다 ERRC 성찰을 하는 습관을 가져보세요.

팀원과 소통하는 가운데 강한 자기주장, 독선적인 태도, 냉소적인 태도, 맹목적인 동의로 무임승차하는 행동을 없애거나 줄여야 팀 문제 해결에 도움이 되겠지요. 더 나아가서 상호 의견을 존중하고 더 철저한 준비와 실행력 있는 책임감으로 서로의 아이디어를 모아 창의적인 결과로 만들어가는 행동과 태도가 장려되고 창조되어야 할 것입니다.

팀마다 나타나는 현재 모습(as is)을 정확히 알아야 합니다. 이

액션 러닝 팀 활성화 성찰을 위한 E.R.R.C 게임

	Eliminate (없애야 할)	Reduce (줄여야 할)	Raise (늘려야 할)	Create (창조해야 할)

는 팀 문제 해결을 위해 방해요소를 제거하려는 성찰의 시작입니다. ERRC 성찰 활동에서 중요한 것은 없애야 할 요소와 창조해야 할 요소를 정확하게 제안하는 것입니다. 특히 팀 학습에서 쓸모없는 부정적인 감정, 부정적인 태도, 무책임한 태도를 없애야 팀 활동이 상식적으로 흘러가며 새로운 것을 실행할 수 있는 기회가 생깁니다.

5. 키패드 – 카이젠 게임

액션 러닝 강의에서 팀 활동으로 효과적으로 활용하는 게임이 카이젠(개선)입니다. 도요타의 카이젠, GE의 카이젠 등으로 잘 알려진 개념이지요. 개념적으로 알고 있는 내용을 체험적이고 실제적으로 경험할 수 있는 게임이 바로 카이젠 게임입니다. 팀원 모두가 원 안에 주어진 숫자들을 1번부터 30번까지 가장 빠른 시간 안에 순서대로 찾아 터치하면서 통과한 후에 모든 팀원이 출발선으로 되돌아오는 팀빌딩 게임입니다. 팀빌딩 게임의 목표는 각 팀에 주어진 문제를 해결하는 과정에서 반복적으로 실행되는 경험 속에서 팀워크, 원활한 의사소통, 창의적인 아이디어, 융통성 있는 패러다임 전환을 통한 액션 팀빌딩으로 지속적인 개선을 달성하는 것입니다. 이 숫자 찾기 게임을 계속 반복하여 여러 번 실시하는 게임을 통해 참여자들이 어떻게 실제 학습을 개선할 수 있는지를 보여줍니다.

팀과 개인의 슬럼프slump나 정체stagnant에 대해 생각해보고 이를 극복하는 방법에 대한 아이디어를 전략적으로 만들어나가는 재미도 있습니다. 게임 참가자들에게 연습으로 학습을 어떻게 증진하는가를 보여주는 것도 재미있는 요소입니다.

❶ **도구** 로프(30m), 번호판 30개, 초시계
❷ **기대 및 효과** 숫자를 찾아가는 프로그램을 통해 팀과 개인의 원활한 의사소통과 창의적인 아이디어, 팀워크를 향상하며 시너지 효과를 내는 팀 액션 러닝입니다. 팀원 모두가 적극적으로 참여하여 최상의 성과를 달성하는 팀이 되게 합니다.
❸ **목표** 출발 라인에서 전원이 함께 출발하여 1번부터 30번까지의 숫자를 빠르게 터치한 뒤 출발 지점으로 전원이 빠르게 돌아오는 것을 목표로 합니다.

❹ 규칙 및 주의사항

- 라인 안에 동시에 1명 이상이 들어갈 수 없습니다.

- 라인을 밟지 않습니다.

- 번호판과 라인을 옮기지 않습니다.

- 내용을 적을 수 없습니다.

- 위의 규칙만 위반하지 않는다면 어떠한 방법도 실행 가능합니다.

❺ 진행 방법

㉠ 설명 후 작전 계획 시간을 2~3분 정도 갖습니다.

㉡ 출발부터 시간을 체크하여 전원이 30번까지 터치한 후 돌아오는 시간을 각 팀의 완수 시간으로 정합니다.

㉢ 총 5회(또는 10회까지 가능)를 진행한다고 미리 이야기합니다.

㉣ 첫 번째 시도에서는 1분 이내에 완수하는 것을 목표로 정하고 출발합니다.

㉤ 계획 시간을 가진 뒤 첫 팀부터 시작합니다.

㉥ 진행자는 팀원과 함께 뛰며 여러 가지 상황을 점검합니다.

㉦ 각 팀이 다녀온 시간을 알려주고, 더 나은 성과를 얻을 수 있는 방법을 구상하도록 격려합니다.

❻ 참고사항

- 한 번씩의 시도가 끝나면 다녀온 시간을 알려주고, 더 나은 기록을 내도록 격려합니다. (경험상 대부분의 팀 평균 시간은 60~75초 정도입니다.)

- 양 팀이 한 번씩의 기회를 가진 뒤 작전을 짤 수 있는 약간의

시간을 제공합니다.

❼ 로프 및 번호판 배치 방법

- 로프는 되도록 원형으로 만듭니다. (단, 목적에 따라 모양은 조정할 수 있습니다.)
- 번호판 배치 시 로프로 만든 원형을 반으로 갈라서 숫자의 특성에 따라 번호판을 배치합니다.
- 번호판을 배치하는 원칙은 팀의 구성에 따라 다양합니다.
- 로프에 가까이 여러 개의 번호판이 위치하도록 배치합니다.

❽ 피드백 - 카이젠 활동 후 짝별로, 팀별로 서로 느낀 것을 피드백하며 정리하는 시간 가지기

- 우리는 점점 나아졌나요?
- 어떤 규칙을 발견했나요?
- 서로 응원과 격려가 있었나요?
- 주자로 뛰어보니 어떤 느낌이었나요?
- 각자 맡은 역할은 무엇이었나요?
- 더 나은 방법은 무엇인가요?
- 상대 팀의 강점은 무엇인가요?
- 팀원들은 게임활동 중 아이디어를 활발히 제안했나요?
- 작전은 성공적으로 계획되고, 모두가 공유했나요?

6. 미로 찾기 - 미로 게임

❶ 도구 미로 찾기 판(가로 8칸, 세로 8칸), 테이프나 끈을 이용해 바닥에 미로를 그리기

❷ **기대 및 효과** 커뮤니케이션, 집중과 선택에 따른 문제 해결 능력을 향상합니다.

❸ **목표** 숨겨진 길을 찾아 목표지점까지 모두가 통과하는 것입니다.

❹ **규칙 및 주의사항**

- 이동은 좌우 앞뒤 대각선으로 가능하며, 한 칸의 범위 안에 다음 번호가 있습니다.
- 번호는 숫자의 순서대로 찾아가야 합니다.
- 선을 밟아도 실격이 되므로 조심해야 합니다.

❺ **진행 방법**

㉠ 아래와 같은 미로 판을 설치하고, 길이 적힌 번호는 진행자만 볼 수 있도록 따로 가지고 있어야 합니다.

㉡ 양쪽 끝에서 두 팀으로 나누고, 한 팀씩 순서를 바꾸어 진행합니다.

㉢ 첫 번째 사람이 칸 하나를 선택하여 나갔을 때 첫 번째로 1번을 선택했다면 다음 번호를 찾을 수 있는 기회가 제공되고, 1번 이외의 다른 곳을 밟았다면 호각을 불어 기회는 다른 팀에게로 넘어갑니다.

㉣ 같은 식으로 진행하고 모두가 협력하여 빠르게 길을 순서대로 찾아가면 됩니다.

㉤ 찾아낸 길을 적는 것은 금지되며, 길을 찾고 있는 팀원에게 다른 팀원이 이미 찾은 길을 가르쳐줄 때에는 손으로 가리킬 수 없고 말로만 설명해주어야 합니다.

❻ 참고사항

- 참가자들이 길을 찾으면 '통과'라고 큰 목소리로 이야기해줍니다. 다른 길을 찾았다면 '쾅'이라고 하거나 호각을 불어 순서를 바꿉니다.
- 번호를 잘 보면서 진행해야 합니다.

〈예시〉

1								
2	4							
3		5						17
			6	9			16	18
			10	7	8	15		
				11	12	14		
						13		

❼ 피드백

- 마지막에 '쾅'을 들었을 때 기분이 어땠나요?
- 찾았던 길인데 실수로 다른 길을 밟았을 때의 기분과 팀원의 반응은 어땠나요?
- 나는 팀이 성공하는 데 어떤 역할을 했나요?
- 우리 팀의 커뮤니케이션은 어땠나요?

- 밖에서는 길을 잘 가르쳐주던 사람도 안에 들어가면 길을 잘 모를 때가 있습니다. 이때는 도움이 필요합니다. 장기를 둘 때 실력 있는 사람만 옆에서 훈수를 두는 게 아닙니다. 삼자의 입장에서 보면 안 보이던 게 보일 때가 있습니다.
- 다른 팀이 우리가 발견한 길까지 왔을 때 팀원의 반응은 어땠나요? 방해했나요, 아니면 친절하게 길을 알려주었나요? 미로 게임이 어느 정도 진행되다 보면, 우리는 다른 팀이 아니라는 것을 알게 됩니다. 우리는 모두 한 팀입니다. 우리가 찾은 길을 알려주면 서로가 빨리 성공할 수 있지 않을까요?

7. 순서대로 끼리끼리

❶ **도구** 없음

❷ **기대 및 효과** 아이스브레이크의 공통점을 이용해 관계를 형성하고 팀빌딩을 합니다.

❸ **목표**

- 순서대로: 팀 내에서 주어지는 주문에 맞추어 다른 사람과 비교합니다.
- 끼리끼리: 팀을 떠나 조직 전체적인 차원에서 공통점을 찾아갑니다.

❹ **규칙 및 주의사항**

- 게임활동은 참석한 사람으로만 문제 해결을 해야 합니다. 특히 순서대로 게임을 할 때 주위의 물건이나 옷, 신발 등 다른 일체의 도구를 사용할 수 없습니다.

- 순서대로 활동 목록을 3~5개 정도 뽑아 팀을 활성화시키는 활동을 합니다.
- 순서대로 팀 활동으로 팀워크를 만든 뒤, 끼리끼리 팀 전체 활동으로 팀빌딩을 형성하는 과정으로 진행하면 좋습니다.

❺ 진행 방법

- 순서대로
  - ㉠ 진행자가 요구하는 대로 정해진 시간 내에 한 줄로 정렬해야 합니다.
  - ㉡ 예를 들어 진행자가 "키 순서대로 서세요"라고 말하면 팀원 전체가 자리에서 일어나 키 순서대로(작은 사람이 앞에, 큰 사람이 뒤에) 서고 다 완료되면 자리에 앉아 팀 구호를 외칩니다.
  - ㉢ 진행자는 순서대로 정렬했는지를 확인합니다.
  - ㉣ 가장 빨리 (틀린 사람 없이) 완료한 팀이 승리합니다.
- 끼리끼리
  - ㉠ 개인 활동이 아니라 팀에서 공통적인 조건을 가진 사람들이 모이는 것입니다.
  - ㉡ 예를 들어 "같은 성씨별로 모이세요"라고 하면 조와는 상관없이 정해진 시간 안에 각 개인이 같은 성씨인 사람들을 찾습니다.
  - ㉢ 정해진 시간이 지나면 진행자는 제대로 모였는지 확인하고 같은 성씨가 두 팀으로 나누어졌다면 한 팀으로 합칩니다.
  - ㉣ 진행자는 모인 그룹별로 서로 이야기를 나누게 합니다.

❻ 참고사항

- 순서대로 내용: 손바닥 크기, 생일 순서, 머리 길이, 현재 동거 가족 수 등
- 끼리끼리 내용: 살고 있는 동네, 태어난 달, 출신 모교, 이름, 성별, 혈액형 등

❼ 피드백

- 우리는 서로에 대해서 얼마나 알고 있나요?
- 차이점과 공통점은 무엇인가요?

8. 파이프라인

❶ 도구 파이프(인원수만큼), 다양한 크기의 공, 공을 담는 바구니와 통(각 2개)

❷ 기대 및 효과 커뮤니케이션과 격려의 중요성을 공유할 수 있습니다. 팀워크의 개념을 인지하며, 한 사람 한 사람의 역할이 소중함을 이해합니다.

❸ 목표 팀원들이 파이프를 연결하여 목표지점에 있는 통까지 공을 옮기는 것입니다.

❹ 규칙 및 주의사항

- 파이프끼리 닿아서는 안 되고, 공이 손이나 신체에 닿아서도 안 됩니다.
- 공을 가지고 있는 사람은 발을 떼면 안 되고, 공은 항상 진행 방향으로 움직여야 합니다. (멈추거나 반대 방향으로 움직이면 처음부터 다시 합니다.)

- 공은 진행 중에 떨어져서도 안 되고, 목표지점의 통은 움직일 수 없습니다.
- 위의 사항에 맞지 않을 경우 그 공은 처음부터 다시 시작해야 합니다.

❺ 진행 방법

㉠ 파이프와 공을 팀별로 나누어줍니다.

㉡ 규칙 및 주의사항을 설명합니다.

㉢ 연습시간을 7~10분 정도 갖고, 제한된 시간 내에 실행합니다.

㉣ 제한 시간은 10분으로 합니다.

❻ 참고사항

- 말과 행동으로 빠르게 진행하고, 주의사항이 지켜지지 않았을 때에는 호각이나 말로 신호를 보내 다시 시작하도록 합니다.
- 성공했을 때도 실패했을 때도 지속적으로 격려하여 최상의 결과를 얻도록 합니다.

❼ 피드백

- 공을 떨어뜨렸을 때 느낌은 어땠나요?
- 마지막에 가서 공을 통에 넣지 못했을 때 느낌은 어땠나요?
- 우리 팀이 잘한 것은 무엇인가요?
- 공을 자주 떨어뜨리는 실수를 한 팀원을 다른 팀원은 어떻게 대했나요?
- 우리는 어떤 소리를 많이 냈나요?
- 기대한 목표를 이루었나요?

9. 오염지대 통과 게임

9-1. 오염지대 통과 게임

❶ **도구** 징검다리 역할을 하는 패드(B5 사이즈: 182×257mm) 약 30장

❷ **기대 및 효과** 셀프리더십, 커뮤니케이션, 위기극복 능력, 창의적 아이디어, 팀워크 모두를 발휘하여 목표를 달성합니다.

❸ **목표** 출발선에서 시작하여 받은 징검다리를 이용해 전원이 목표지점까지 이동하는 것입니다.

❹ **규칙 및 주의사항**

- 징검다리를 놓고 오염지대를 건너다가 신체가 조금이라도 오염지대에 닿을 때마다 징검다리(패드)를 한 개씩 회수합니다.
- 다른 도구는 사용할 수 없습니다.
- 징검다리가 아주 짧은 순간이라도 사람의 신체 일부에서 떨어지면 진행자가 호각을 불고 회수합니다. 징검다리는 사람의 몸에서 떨어지면 오염된 것으로 간주합니다.

❺ **진행 방법**

㉠ 목표를 설명하고, 출발지점과 목표지점을 표시해줍니다.

㉡ 징검다리를 나누어 주고, 규칙 및 주의사항을 설명합니다.

㉢ 하나의 징검다리에는 발이 3분의 2 이상 들어가야 합니다. 발위로 다른 발 몇 개를 쌓든 관계없습니다.

㉣ 연습시간을 가진 뒤, 약 3분 후에 진행을 시작합니다.

❻ **참고사항**

- 한 팀이 10명인 경우를 예로 들면 징검다리는 12개 정도 나누어 주고, 거리는 출발지점에서 목표지점까지 열한 걸음 정도

떨어진 곳으로 합니다.

- 참가자들의 움직임을 계속 보면서 오염지대에 닿아 오염이 되거나 징검다리가 몸에서 떨어진 순간 호각을 불어 징검다리를 회수하고 이어서 진행합니다.

❼ **피드백**

- 우리의 작전은 무엇인가요?
- 우리가 시작 전에 미처 생각하지 못한 부분은 무엇인가요?
- 우리가 성공하는 데 징검다리가 되는 것은 무엇인가요?
- 어려웠던 부분이 있다면 무엇인가요?
- 성공적으로 목표지점까지 가는 데 꼭 필요한 것이 있다면 무엇인가요?

9-2. 오염지대 통과 게임

❶ **도구** 징검다리 역할을 하는 패드(B5 사이즈: 182×257mm) 약 30장
❷ **기대 및 효과** 셀프리더십, 커뮤니케이션, 위기극복 능력, 창의적 아이디어, 팀워크 모두를 발휘하여 목표를 달성합니다. 또한 윈윈하는 사고를 끌어냅니다.
❸ **목표** 각 팀이 정한 출발선에서 시작하여 받은 징검다리를 이용해 전원이 목표지점까지 이동하는 것입니다.
❹ **규칙 및 주의사항**

- 징검다리를 놓고 오염지대를 건너다가 신체가 조금이라도 오염지대에 닿을 때마다 징검다리(패드)를 한 개씩 회수합니다.
- 다른 도구는 사용할 수 없습니다.

- 징검다리가 아주 짧은 순간이라도 사람의 신체 일부에서 떨어지면 진행자가 호각을 불고 회수합니다. 징검다리는 사람의 몸에서 떨어지면 오염된 것으로 간주합니다.

❺ 진행 방법

㉠ 목표를 설명하고, 각 팀의 출발지점과 목표지점을 표시해줍니다. (서로 반대쪽에서 출발하게 합니다.)

㉡ 징검다리를 나누어 주고, 규칙 및 주의사항을 설명합니다.

㉢ 하나의 징검다리에는 발이 3분의 2 이상 들어가야 합니다. 발 위로 다른 발 몇 개를 쌓든 관계없습니다.

㉣ 연습시간을 가진 뒤 약 3분 후에 진행을 시작합니다.

❻ 참고 사항

- 한 팀이 10명인 경우를 예로 들면 징검다리는 7개 정도 나누어 주고, 거리는 출발지점에서 목표지점까지 열 걸음 정도 떨어진 곳으로 합니다.

- 참가자들의 움직임을 계속 보면서 오염지대에 닿아 오염이 되거나 징검다리가 몸에서 떨어진 순간 호각을 불어 징검다리를 회수하고 이어서 진행합니다.

- 어느 팀이 빨리 통과하느냐로 경쟁을 부추기지 않고, 우리는 한 팀이라는 멘트를 계속 사용합니다. 이 프로그램은 윈윈하는 사고를 위해 양쪽 팀이 오염지대 중간 지점까지 징검다리를 놓은 뒤 서로가 쉽고 빠르게 통과할 수 있는 방법을 찾는 데 목적이 있습니다.

❼ 피드백

- 우리의 작전은 무엇인가요?
- 우리가 시작 전에 미처 생각하지 못한 부분은 무엇인가요?
- 우리가 성공하는 데 징검다리가 되는 것은 무엇인가요?
- 어려웠던 부분이 있다면 무엇인가요?
- 성공적으로 목표지점까지 가는 데 꼭 필요한 것이 있다면 무엇인가요?
- 더 빠르게 통과할 수 있는 방법은 무엇인가요?

10. 팀빌딩 게임을 효과적으로 사용하기 위한 조언

우리는 팀빌딩 게임 설계와 20여 년간의 다양한 실행 경험에서 중요한 교훈을 배웠습니다. 이 조언은 놀랍도록 아주 단순하지만, 다음 네 가지는 팀이나 조직을 살리고 활력을 불어넣는 데 꼭 필요하고 중요합니다. 우리는 이 책을 읽는 독자들이 이 네 가지 일반적인 규칙을 주의 깊게 연구하고 그것을 성실하게 따르기를 바랍니다.

❶ 특정한 게임을 주의 깊게 고릅니다.

전체 프로그램 속에서 팀빌딩 게임 설정의 검토를 요구하는 것입니다. 마지막 선택은 특정한 게임이 팀의 일반적인 코드와 성격에 맞는지, 팀 미팅의 목표에 맞는지, 참가자들 자신에게 맞는지를 고려해야 합니다.

모든 팀빌딩 게임이 모든 팀에 맞는 것은 아니라는 사실을 기억해야 합니다. 선진국의 유명한 프로그램이라고 해서 모든 팀에 적용 가능한 것은 아닙니다. 팀빌딩 프로그램에 대한 기본 철학과 풍부한 경험이 프로그램에 대한 해석과 피드백을 전혀 다른 방향으로 끌고 갈 수 있습니다.

조직과 구성원을 살리는 팀빌딩을 계획하려면, 먼저 전체 프로그램 속에서 팀빌딩의 위치를 정확히 포지셔닝을 해야 합니다. 그리고 누가, 왜, 무엇을, 어떻게 해야 하는지 등 목표를 명확하게 세운 다음에 팀빌딩 게임을 선택하고 진행해야 합니다. 팀빌딩 프로그램은 '사람 중심'으로 이루어져야 합니다. 팀빌딩의 목표가 극도의 극기 훈련이 아니라면, 무엇보다 사람이 우선시되어야 합니다.

❷ 팀빌딩 게임에 대한 목표를 명확하게 정합니다.

팀빌딩에 게임을 활용하지만, 게임을 통해 이루고자 하는 아이디어나 목표가 불분명한 경우가 많습니다. 즉 객관적이고 논리적인 관점이 결여되어 있습니다. 게임은 유용하고 다루기 쉬우며 흥미로워 보이기 때문에 단순하고 부적절하게 사용되고 있습니다. 따라서 팀빌딩의 목적을 팀 구성원과 명확하게 의사소통하고, 그에 맞는 팀 게임을 선택해야 합니다. 모든 팀빌딩 게임은 목표가 있다는 사실을 잊지 말아야 합니다.

❸ 백업 계획을 세웁니다.

만약 당신이 머피의 법칙('잘못된 일이 일어날 수 있다!')을 믿는다면, 진행하는 프로그램을 대체할 효과적인 팀빌딩 게임을 몇 종류 더 준비하는 것이 현명할 것입니다. 만약 '계획 A'가 작동하지 않으면 유사한 '계획 B'로, 팀빌딩 진행자와 함께 모든 참여자는 백업 계획 발달의 지혜를 배울 것입니다. 버팀목은 깨질 수 있다는 사실을 기억해야 합니다. 같은 게임이라도 어떤 팀은 좋은 반응을 보이는 반면, 어떤 팀은 반응이 늦거나 부정적인 피드백을 줄 수 있기 때문입니다. 팀빌딩 게임을 진행하는 도중에는 생각지도 못한 돌발 상황이 발생한다는 사실을 기억하고 대안을 준비해야 합니다.

❹ 게임에 대해 예비 검사를 실시합니다.

팀빌딩 게임 진행자는 게임 매뉴얼이나 누군가의 추천에 의존해서는 안 됩니다. 실제로 게임을 진행하기 전에 직접 테스트해봐야 합니다. 그러면 여러 가지 부족한 부분을 발견하게 될 것입니다. 가까운 동료나 관련 부서 직원은 좋은 비평가입니다. 직접 테스트해보고 비평가들의 의견을 수렴하여 발생 가능한 실제 문제를 기반으로 토의를 하고, 예비 검사를 거쳐 보완해야 합니다.

이때 스스로에게 확인해봐야 할 질문이 있습니다. '내가 직접 진행해본 팀빌딩 게임인가', '최근에 일정 기간 이상 진행해본 팀빌딩 게임인가', '참가자나 동료의 피드백과 성찰을 거친 효과적인 팀빌딩 프로그램인가'입니다.

첫째, 협력과 협동을 통한 팀십 프로그램이어야 합니다.

조직 활성화를 위한 팀빌딩에도 경쟁 요소는 존재합니다. 다만 효과적인 어프로칭과 원활한 프로그램 진행을 위해서만 이용됩니다. 이런 경우를 제외하면 팀빌딩 프로그램은 팀원들 사이의 친밀감을 형성하고 나눔과 협동이 이루어질 수 있어야 합니다. 이때 팀십, 충성심, 협동심을 통한 열정을 경험하는 프로그램으로 최상의 경험을 나누는 팀빌딩 프로그램이면 좋습니다.

둘째, 참가자들이 자발적으로 참여하도록 고안된 경험 중심의 프로그램이어야 합니다.

팀빌딩 프로그램에 자발적으로 참여하여 즐길 때 비로소 유연한 사고와 고유한 리더십을 발휘하고 교육적 경험을 얻을 수 있습니다. 팀빌딩 과정은 이러한 자발적인 참여를 유도할 수 있도록 구성되어 있습니다. 우정과 최상의 컨디션을 유지하며 자발적으로 참여하는 근면과 자제력이 필요합니다.

셋째, 팀 활동으로 이루어지는 비지시적 인간 중심 프로그램이어야 합니다.

팀원 각자가 상담자, 조력자, 리더가 된다면 구성원들 간의 역동적 관계가 강화되고 팀에 대한 소속감과 공헌하려는 마음이 생기게 됩니다. 개인은 타인에게 인정받을 때 비로소 안정되고 편안해집니다. 개인이 '내가 타인에게 인정받고 있다'는 느낌을 받을 때에야 비로소 자기 자신을 긍정적으로 평가하는 건강한 인격체로 생활할 수 있는 것입니다. 따라서 자신감과 평정심을 가지고 개인과 팀이 중심이 되어 성취감을 경험할 수 있는 프로그램을 선택해야 합니다. 팀빌딩의 장점을 다음과 같이 꼽을 수 있습니다.

팀빌딩의 장점

- 팀빌딩의 정수는 성찰입니다.

- 팀빌딩 활동을 통한 개인 성찰과 팀 피드백이 반드시 이루어져야 합니다.

- 팀빌딩은 팀 소통 기능을 향상합니다.

- 팀빌딩은 팀의 숨겨진 문제를 드러내도록 합니다.

- 팀빌딩은 팀 미팅에 긍정적 에너지를 불어넣습니다.

- 팀빌딩은 팀 정체성을 창조하도록 돕습니다.

- 팀빌딩은 팀워크의 가치를 증명합니다.

- 팀빌딩은 굳건한 지지와 신뢰를 형성하도록 합니다.

- 팀빌딩은 팀 구성원으로 하여금 변화의 필요성을 인지하도록 촉진합니다.